UNIVERSITÉ DE PARIS — FACULTÉ DE DROIT

# DE L'AUGMENTATION

ET

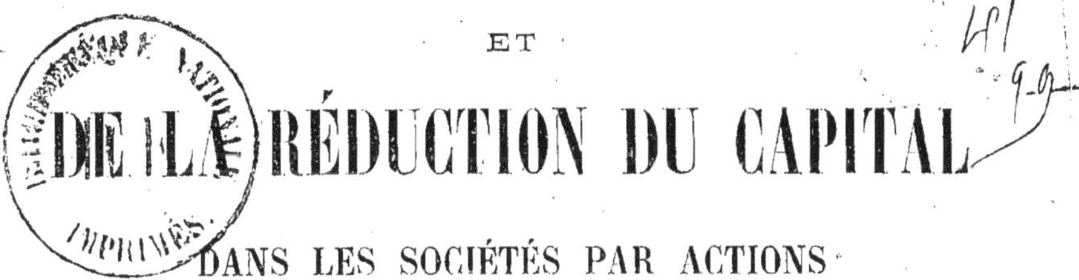

# DE LA RÉDUCTION DU CAPITAL

## DANS LES SOCIÉTÉS PAR ACTIONS

---

THÈSE POUR LE DOCTORAT

présentée et soutenue

*le Mardi 21 Mars 1899, à 2 heures*

PAR

Louis BOSSY

---

PARIS
LIBRAIRIE NOUVELLE DE DROIT ET DE JURISPRUDENCE
ARTHUR ROUSSEAU
ÉDITEUR
14, rue Soufflot, et rue Toullier, 13

1899

# THÈSE

POUR LE

DOCTORAT

La Faculté n'entend donner aucune approbation ni improbation aux opinions émises dans les thèses ; ces opinions doivent être considérées comme propres à leurs auteurs.

UNIVERSITÉ DE PARIS — FACULTÉ DE DROIT

# DE L'AUGMENTATION

ET

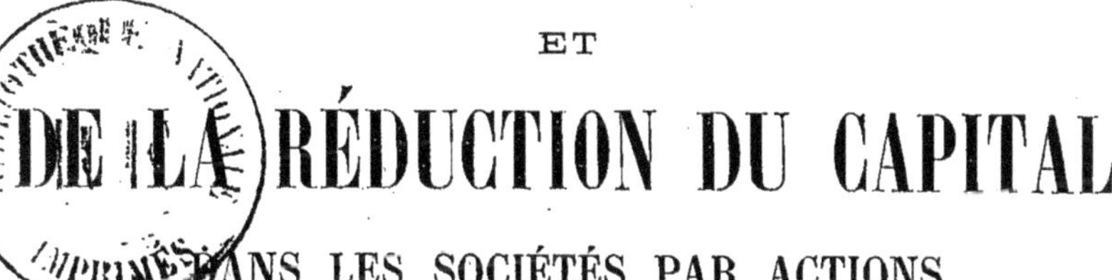

# DE LA RÉDUCTION DU CAPITAL

## DANS LES SOCIÉTÉS PAR ACTIONS

THÈSE POUR LE DOCTORAT

PAR

Louis BOSSY

L'ACTE PUBLIC SUR LES MATIÈRES CI-APRÈS

*Sera soutenu le Mardi 21 Mars 1899, à 2 heures*

*Président :* M. LYON-CAEN, *professeur.*

*Suffragants :* MM. RENAULT, THALLER, *professeurs.*

PARIS
LIBRAIRIE NOUVELLE DE DROIT ET DE JURISPRUDENCE
ARTHUR ROUSSEAU
ÉDITEUR
14, rue Soufflot, et rue Toullier, 13

1899

# INTRODUCTION

La vie des sociétés par actions peut être affectée de modifications multiples, correspondant à des ères de prospérité ou de ralentissement des affaires. Et en fait il est très rare qu'une société se liquide sur les bases du contrat primitif : des changements sont survenus, et qui sont parfois de telle nature que l'on ne reconnaît plus la société originaire sous les aspects nouveaux dont elle s'est revêtue. Parmi ces changements ceux qui affectent le capital sont les plus fréquents et sont ceux qui donnent le plus au juriste l'occasion d'exercer sa sagacité : les questions que soulèvent les modifications du capital sont en effet toutes nées du fonctionnement et du jeu naturel des sociétés et il était bien malaisé au législateur de prévoir les solutions à leur donner, quelque soin rigoureux qu'il ait mis à réglementer les sociétés par actions. Mais il faut convenir qu'en cette matière le rôle de précurseur était particulièrement ingrat, car le développement des sociétés par actions ne date guère que du milieu de ce siècle, et en 1867 il était loin d'être arrivé à sa plénitude.

Aussi la loi du 24 juillet 1867 ne contient-elle qu'une seule disposition, et qui n'a trait qu'indirectement à notre matière : (Art. 31). « Les assemblées qui ont à délibérer sur des modifications aux statuts ou sur des propositions de continuation de la société au-delà du terme fixé pour sa durée, ou de dissolution avant ce terme, ne sont régulièrement constituées et ne délibèrent valablement qu'autant qu'elles sont composées d'un nombre d'actionnaires représentant la moitié au moins du capital social. »

Depuis aucune loi n'est venue compléter les lacunes de celle-ci et les solutions présentées par un projet de loi adopté par le Sénat en 1884 en ce qui concerne les modifications du capital n'ont pas trouvé place dans la loi du 1er août 1893.

Il faut donc, à défaut de textes, s'inspirer scrupuleusement pour trancher les questions controversées, de l'esprit du législateur de 1867, sauf à reconnaître que les solutions qu'il inspire pourraient avantageusement sur certains points recevoir actuellement une sanction législative différente.

— Nous diviserons notre travail en deux parties :

La première plus importante, comprendra l'étude de l'augmentation du capital.

La deuxième, celle de la réduction.

A propos de chacune de ces modifications nous

serons amenés logiquement à rechercher dans quelles limites et sous quelles formes leur sont applicables les dispositions prescrites par la loi de 1867 pour la constitution des sociétés, qui est le seul point de repère en cette délicate matière.

Sur certains points seulement nous donnerons les solutions des législations étrangères, sans entrer dans le détail des formalités que ces législations imposent.

# PREMIÈRE PARTIE

# DE L'AUGMENTATION DU CAPITAL

## CHAPITRE PREMIER

### DÉFINITION. — BUT.

Que faut-il entendre par augmentation du capital d'une société par actions ?

Il faut entendre par là l'accroissement du fonds social constitué par les apports sociaux en nature ou en espèces et représenté par les actions.

Cela exclut donc :

1° L'accroissement du fonds social par la voie d'émission d'obligations, puisque les obligataires sont, non pas des associés, mais des créanciers sociaux ;

2° L'accroissement du fonds social disponible, par l'appel de fonds sur les actions non entièrement libérées, car cette opération n'est que la mobilisation d'un capital de réserve,

Et cela comprend l'accroissement du fonds social au moyen de l'augmentation :

I^ent^. Soit du nombre des actions par :

1° L'émission d'actions nouvelles souscrites par les premiers actionnaires ou par des tiers ;

2° L'attribution d'actions nouvelles faite à des actionnaires ou à des tiers en représentation d'apports en nature faits à la société ;

3° L'attribution aux actionnaires, proportionnellement à leurs droits sociaux, d'actions nouvelles à titre de répartition de fonds de réserve ;

4° L'attribution d'actions nouvelles à des créanciers sociaux en paiement de leurs créances ;

5° Le dédoublement des actions existantes, ce qui peut avoir lieu sans versement immédiat si les actions entièrement libérées sont dédoublées en actions libérées de moitié, ou si les actions libérées de moitié sont dédoublées en actions libérées du quart ;

6° Et enfin, selon nous, par la création d'actions nouvelles en représentation d'apports de toute nature faits à la société par une société en liquidation, ou par une société prospère mais moins importante, en vue d'être absorbée par la société à laquelle elle s'annexe, et pourvu toutefois que les conditions dans lesquelles a lieu cette annexion ne soient pas telles qu'elles comportent la constitution d'une société nouvelle.

II^ent^. Soit du chiffre des actions, lorsque par exemple on procède à l'échange d'un titre de 500 fr. contre un nouveau titre de 1,000 francs.

Quel est le but de l'augmentation du capital ?

Une société peut avoir besoin de se créer des ressources.

L'émission d'obligations répond à ce besoin ; mais pour qu'elle réussisse, il faut déjà que la société inspire une certaine confiance et présente des garanties solides ; il faut aussi que les actions soient entièrement libérées, car les créanciers hésitent à verser leurs fonds s'ils ont la perspective d'avoir à discuter éventuellement non seulement la solvabilité de la société débitrice, mais encore celle de chacun des actionnaires lors de l'appel de fonds sur les actions.

Si la société ne veut pas se créer des ressources au moyen de l'appel de fonds sur les actions, ou si les actions sont toutes libérées, ou si les circonstances rendent douteuse une émission d'obligations, il lui faut chercher des bailleurs de fonds soit parmi ses propres actionnaires qui, plus que d'autres, seront tentés de lui faire crédit, soit dans le public, soit parmi ceux qui, par l'appoint de leurs connaissances personnelles ou de leurs apports en nature, conquièrent, vis à vis d'elle, comme un véritable droit de cité : à tous ceux là, la société fera l'attribution d'actions nouvelles, en échange de leurs fonds, de leurs connaissances ou de leurs apports en nature.

Si les ressources dont la société a besoin ne sont pas trop considérables, ou si elle veut éviter les risques d'insuccès et la lenteur d'une émission d'actions, ou ne pas introduire dans son sein de nouveaux actionnaires, elle pourra disposer de ses fonds de réserve en les attribuant aux anciens actionnaires proportionnellement au nombre d'actions qu'ils possèdent déjà, sous la forme d'actions nouvelles.

Si elle veut éteindre son passif, elle fera l'attribution d'actions nouvelles à ses créanciers.

Si elle veut se ménager des ressources éventuelles, elle dédoublera les actions existantes en actions libérées de moitié ou de quart.

Si, enfin, elle veut absorber une société rivale, elle lui attribuera en représentation de l'actif net que celle-ci lui apporte, une certaine quantité d'actions nouvelles entièrement libérées.

Ainsi donc qu'on le voit, chacun des modes d'augmentation du capital correspond à un but différent, et, de la sagacité avec laquelle est fait le choix du mode à employer, dépend fréquemment la réussite de l'opération et le sort même de la société.

Ceci brièvement indiqué, nous allons étudier dans le chapitre suivant les conditions auxquelles est soumise l'augmentation du capital social.

# CHAPITRE II

## SECTION PREMIÈRE

### DU CONSENTEMENT DES ACTIONNAIRES.

Comme tout contrat la société doit réunir nécessairement toutes les conditions requises pour l'existence ou la validité des contrats en général ; le consentement, la capacité de contracter, l'objet certain et la cause licite (art. 1108 Code civ.). Sans nous préoccuper des trois dernières de ces conditions que l'augmentation du capital ne modifie pas, il nous faut insister sur la première :

Voyons d'abord comment se manifeste le consentement des parties, lors de la constitution de la société par actions.

Des statuts sont établis par le gérant ou par les fondateurs ; ils contiennent toutes les clauses du contrat de société. Ces statuts sont offerts à l'adhésion de tout venant, et cette adhésion se manifeste par la souscription des actions.

L'adhésion des souscripteurs est ensuite dûment constatée par la déclaration de souscription faite, par le gérant, dans les sociétés en commandite par actions, par les fondateurs, dans les sociétés anonymes.

Elle devient enfin définitive lorsque la deuxième assemblée générale constitutive a statué sur les apports en nature et les avantages particuliers, ou, lorsqu'à défaut d'apports de ce genre ou de constitution d'avantages de cette nature, l'unique assemblée générale des actionnaires a été appelée à vérifier la déclaration de souscription et de versement.

A partir de ce moment, le consentement des actionnaires est sorti à effet, et la société est constituée.

Et, chose à remarquer, il a fallu pour cela le consentement unanime des actionnaires, non seulement à l'origine lorsqu'il s'est manifesté par la souscription des actions, mais encore pendant tout l'intervalle écoulé entre le fait matériel de la souscription et le moment où la société est définitivement constituée par le vote de la deuxième assemblée générale, ou de l'assemblée générale unique, selon les cas ; de telle sorte que si dans cet intervalle un associé propose de modifier les statuts dans l'un de leurs éléments essentiels, tel que le capital par exemple, le veto d'un seul des autres suffit à empêcher la constitution de la société sur cette nouvelle base (1) : il faut le consentement unanime des actionnaires pour apporter avant la constitution définitive de la société une modification essentielle aux statuts qui ont été offerts à leur approbation (2).

Lorsque la société se constitue sans souscription publique, les fondateurs se répartissent toutes les actions entre eux et dès lors leur consentement unanime résulte de l'acte constitutif des statuts lui-même.

Comment va-t-il en être lorsque, au cours de la société, les circonstances nécessiteront la modification d'un élément tel que le capital social?

Il faut distinguer trois hypothèses :

Celle où les statuts sont muets.

Celle où les statuts stipulent que l'assemblée générale des actionnaires aura le pouvoir de modifier les statuts, ou encore qu'elle statuera sur tous les cas non prévus.

(1) Houpin, *Traité des Soc. par act.*, n° 360. Seine, 16 mai 1887 (*J. S.* 1888, 206).

(2) Dans notre législation l'adhésion des actionnaires est peut-être insuffisamment éclairée et il serait peut-être désirable que l'on publiât les statuts à titre de projet comme le prescrit la loi belge ; mais quoiqu'il en soit dans l'état actuel de notre législation ce serait aller trop loin que de dire que le consentement des souscripteurs soit surpris, car ils ont toute liberté pour prendre connaissance des statuts et ne souscrire qu'à bon escient (voir à cet égard la proposition de loi de M. Fleury-Ravarin, député, du 30 novembre 1897. *J. S.* janvier 1898, p. 47).

Celle enfin où les statuts autorisent expressément les administrateurs à faire l'augmentation du capital, ou donnent ce pouvoir à l'assemblée générale.

### Premier cas.

Lorsque les statuts sont muets, que faut-il décider ?

Faudra-t-il exiger le vote de l'augmentation du capital par l'unanimité des actionnaires, ou seulement à la simple majorité de l'assemblée générale composée dans les termes de l'article 31 de la loi du 24 juillet 1867 ?

Il faut tout d'abord, à notre avis, écarter la question en ce qui concerne les sociétés en commandite par actions : presque tout le monde est en effet d'accord pour reconnaître que l'article 31 qui est au titre des sociétés anonymes, est inapplicable aux sociétés en commandite par actions, et que l'unanimité des actionnaires doit être exigée pour l'augmentation du capital de cette dernière sorte de sociétés. C'est le résultat d'une fâcheuse omission du législateur, mais on ne peut la suppléer (1).

En matière de sociétés anonymes, au contraire,

(1) Wahl, *Etude sur l'aug. du cap. dans les Soc. par act.*, nº 20. — Houpin, loc. cit., 478, *in fine*.

l'accord est loin d'être fait, et la controverse n'est pas close comme certains paraissent le croire par l'arrêt de la Cour de Cassation du 30 mai 1893, et celui du 29 janvier 1894 sur lesquels nous reviendrons.

Notre question se rattache à la question plus générale de l'omnipotence de l'assemblée des actionnaires : il nous est impossible de la négliger complètement, mais nous ne lui donnerons que les développements indispensables :

L'assemblée générale des actionnaires peut-elle, au cas de silence des statuts, délibérer souverainement sur toutes les modifications à ces statuts ?

Oui, répond-on. Et voici comment M. Thaller, dont la théorie savante a été adoptée par les arrêts précités, soutient cette assertion (1).

D'après cet auteur, les actionnaires, une fois la société constituée, n'ont plus les uns vis-à-vis des autres et vis-à-vis de la société, la même personnalité, ni la même individualité qu'avant la constitution, sans que cependant l'on puisse trouver ni dans les textes, ni dans la nature des choses, rien qui, à notre avis, permette de justifier une telle manière de voir.

Voici au surplus, brièvement, mais dans ses termes mêmes, cette théorie dans ce qu'elle a d'essentiel :

« La société par actions a deux personnalités :

(1) Thaller, note sous Cass. 30 mai 1893. D. 93, 1, 105 et s.

« La personnalité extérieure, qui procure les attri-
« buts d'une vie propre et d'une capacité complète
« à la collectivité, traitant avec le dehors, avec ses
« correspondants de toute nature.

« La personnalité interne, qui naît de ce fait que
« chaque actionnaire n'a en face de lui qu'un fais-
« ceau compact de forces sociales solidarisées entre
« elles, qu'il n'existe pas de lien immédiat établi
« d'homme à homme, mais une série de rattache-
« ments individuels, à un ensemble, à un bloc qui
« est l'entreprise elle-même.

« L'assemblée générale des actionnaires forme au regard des actionnaires, pris séparément, le pouvoir délibérant de cette synthèse de pensées convergentes ; elle constitue l'âme même de la personne morale, règlant les intérêts de la collectivité, ou si l'on préfère l'instrument de la volonté supérieure de la compagnie... c'est l'organisme corporatif des actionnaires.

A ces divers titres, cet organisme a une volonté propre, qui est celle exprimée par la majorité légale.

La volonté propre de chaque actionnaire est annihilée et se fond dans la volonté supérieure de l'organisme corporatif.

Et M. l'avocat général Desjardins, dans ses conclusions présentées lors de l'arrêt du 29 janvier 1894 (1), ajoute :

(1) S. 1894, 1, 169.

« L'assemblée générale, collège reconnu, âme de la personne morale, se superpose aux actionnaires.

« S'il en est ainsi, ce collège existe indépendamment de ses membres ; s'il existe indépendamment de ses membres, il est chimérique et déraisonnable de le soumettre à la loi fatale du *liberum veto.* »

La conséquence naturelle de cette conception, est que l'assemblée générale des actionnaires peut, à la majorité des voix, faire dans le silence des statuts toutes les modifications qui ne lui sont pas défendues ; on ajoute cependant un correctif : sauf celles qui touchent aux bases essentielles de la société.

A l'argument tiré de cette conception nouvelle de la personnalité interne de la société et de l'assemblée générale « organisme corporatif », les défenseurs de cette théorie en ajoutent d'autres.

1° D'abord le texte même de l'article 31 de la loi de 1867, qui ne distingue pas le cas où les statuts ont prévu les modifications de la société susceptibles d'être votées à la majorité, de celui où les statuts n'ont pas prévu ces modifications : dans les deux cas, il exige la présence d'actionnaires représentant la moitié du capital social ; l'unanimité n'est donc jamais nécessaire ;

2° Puis divers jugements (1), l'opinion de divers

(1) Paris, 13 mars 1884. D. 85, 2, 14. Id. 13 janvier 1885. D. 85, 2, 184.

auteurs (1), et diverses dispositions de législations étrangères (2) qui semblent adopter la théorie d'après laquelle les statuts renferment implicitement le pouvoir à l'assemblée générale de les modifier ;

3° Enfin et comme dernier et meilleur argument, ils font valoir des considérations d'utilité pratique :

Il est impossible, d'après eux, de subordonner à un vote unanime l'exécution de modifications utiles aux statuts.

Comment d'abord réunir tous les actionnaires, dont beaucoup sont détenteurs de titres au porteur, et qu'il est difficile pour cette raison de prévenir autrement que par voie d'annonces, dont le résultat est bien incertain.

Et en admettant même que l'on ait réussi à grouper tous les actionnaires, on ne peut songer que bien rarement à obtenir d'eux l'unanimité sur les questions soumises à leur vote.

« L'absurdité pratique de la solution contraire, dit M. l'avocat général Desjardins (loc. cit.), saute aux yeux. Comment subordonner d'une manière absolue au caprice de chaque actionnaire ce pouvoir délibérant de la collectivité ? Un contre mille, un contre dix mille, et tout est paralysé ! Cet amendement aux

(1) De Courcy, *Soc. an.*, p. 125. — Rivière, *Commentaire de la loi de 1867*, n° 230.

(2) Loi belge, 18 mai 1873, art. 59. 2. Novelle allemande, 18 juillet 1884, art. 180 et 215. Code italien de 1883, art. 158.

statuts, qui, sans toucher aux bases essentielles de la société, imprimerait un nouvel élan aux affaires sociales, est condamné d'avance. La société périra plutôt que le principe de l'adhésion unanime ! N'apercevez-vous pas les complots qui vont aussitôt s'ourdir ? Les marchés honteux qui se préparent ? Vous plait-il d'encourager les intrigants et les fripons qui sachant leur concours indispensable, auront un vote à vendre ? »

Et M. l'avocat général ajoute comme argument final :

« La Cour de Cassation s'est trouvée d'accord, peut-être sans le savoir, dès 1881, avec les plus illustres jurisconsultes d'Outre-Rhin, construisant ce monument de la science juridique moderne qui se nomme le code allemand de 1860. L'exposé des motifs prussiens, qui fut accepté sur ce point par tous les délégués, s'exprimait en ces termes : « Strictement, il faudrait exiger pour toute modification au contrat de société, l'unanimité des actionnaires. Mais, en général, le trop grand nombre de ces actionnaires ne permet pas à ce principe de recevoir une exécution pratique. Il y a donc nécessité d'accepter comme règle les décisions de la majorité. Ce n'est que si l'on mettait en question un changement au contrat de société tellement essentiel que l'ancienne convention devînt par là une convention entièrement nouvelle, « qu'il faudrait s'en tenir à l'unanimité indispensable des contractants, à moins que les statuts ne disent positivement le contraire. »

A notre avis, l'assemblée générale des actionnaires ne peut faire à la majorité des voix, que ce qui lui est permis par les statuts, sinon il faut le consentement unanime des actionnaires.

Nous admettons bien, comme M. Thaller, que la société par actions, qui est une personne morale, puisse être envisagée d'une manière objective, et qu'à ce titre on lui accorde une personnalité extérieure; nous admettons également que les relations des associés en tant qu'individus, avec la société en tant que telle, puissent revêtir un caractère subjectif par opposition aux relations de la société avec les tiers, et qu'à ce titre les rapports entre associés et la société soient, si l'on veut, constitutifs d'une personnalité interne; mais nous ne voyons pas clairement pourquoi cette conception purement philosophique de la personnalité interne, priverait chacun des associés de son individualité vis-à-vis des autres, à ce point qu'on en arrive à ne plus tenir le moindre compte des conventions tacites intervenues entre ces individus par le fait de leur adhésion aux statuts primitifs: la société, née d'un pacte (et qui dit pacte, dit consentement mutuel), aurait-elle donc la faculté de se dispenser par la suite, dans les circonstances diverses qui peuvent modifier son existence, du consentement d'une partie de ses membres, qui peuvent, ainsi que nous le montrerons plus loin, constituer une majorité réelle? La société, dans ce cas, serait comparable à un organisme délicat que tous les rouages concourent à mettre en marche, mais qui changerait de direction par l'effort d'une minorité d'entre eux, sans le concours et malgré l'opposition des autres.

Et nous disons une minorité avec raison: l'assemblée générale des actionnaires qui est le « pouvoir délibérant » de la société, délibérera valablement, d'après nos adversaires, sur tous les points qui ne touchent pas aux bases essentielles de la société, (nous verrons plus loin quel est le sens et la portée de cette restriction) sous la seule condition de réunir les actionnaires représentant la moitié du capital social. L'autre moitié du capital, soit indifférence ou ignorance, n'est pas représentée. L'adoption des résolutions a lieu à la majorité absolue des voix des actionnaires présents, c'est-à-dire (puisque le nombre des voix est en général proportionnel au nombre d'actions) par le quart, plus une fraction, du capital social tout entier; et si l'on tient compte de ce fait que le même actionnaire peut avoir un nombre considérable de voix à raison du nombre des actions qu'il possède, on voit que ce « pouvoir délibérant », cette « magnifique synthèse de pensées convergentes constituant l'âme même de la personne morale », peut éventuellement se réduire à n'être que l'instrument passif de la volonté supérieure de quatre ou cinq puissants actionnaires, enclins à régler les intérêts de la collectivité au mieux de leurs intérêts personnels.

Et le marché dont on nous parle est-il plus honteux, de celui qui vend son unique voix pour que l'unanimité soit acquise, ou de celui qui, dans un sens contraire, en dispose de bien davantage au profit de quelque spéculation louche et de profit de mauvais aloi ?

Ainsi donc, il ne faut pas se payer de mots, ni assimiler, comme on l'a fait parfois, les assemblées générales aux assemblées législatives et autres corps délibérants (1), qui votent valablement en l'absence d'une partie de leurs membres, et dont les décisions sont prises à la majorité des membres présents. Car dans ces corps délibérants un certain *quorum* est exigé qui garantit mieux que ne le fait l'article 31, la minorité contre les empiètements de la majorité ; en outre, chacun des membres ne peut (en théorie) disposer que d'une voix, qui est la sienne ; et enfin, les membres de ces assemblées ne sont liés entre eux par aucun lien qui ressemble de près ou de loin à celui que le contrat de société a établi entre les actionnaires.

S'il est fâcheux que l'opposition irraisonnée ou intéressée d'un associé mette obstacle à une réforme

(1) Vahl, loc. cit., nº 18 *in fine*.

désirable des statuts, il y a moyen d'y parer en introduisant dans les statuts une clause formelle, et spéciale à chacun des cas à prévoir, et d'autre part il est également injuste que les actionnaires ne puissent pas faire échouer une réforme qu'une minorité réelle (nous l'avons montré), peut avoir intérêt à réaliser au détriment des autres.

La théorie adverse est obligée d'ailleurs de reconnaître une limite à l'omnipotence de l'assemblée générale, et à créer de toute pièces la théorie des droits propres de l'actionnaire. Nous verrons plus loin ce qu'il faut entendre par ce droit propre, et comment dans notre théorie, l'idée auquel il répond s'explique aisément par le simple respect du contrat de société.

La jurisprudence a été longtemps de notre avis (1)' ainsi que bien des auteurs (2).

Les arguments de texte de la théorie opposée ont éte réfutés déjà bien souvent.

L'article 31 de la loi de 1867 a eu simplement

(1) Paris, 1er août 1868. D. 1868, 2, 65. Paris, 19 avril 1875. D. 75, 2, 161. Besançon, 29 juillet 1889. D. 1891, 1, 584.

(2) Pont, *Traité des Soc. civ. et com.*, II, 1688. — Lyon-Caen, *J. S.* 1880, p. 277 et s. Id. *Traité des Soc.* 2, 864. — Ballot, *Rev. prat. du dr. français*, VI, p. 109. — Boistel, *Précis de droit comm.* n° 320 et note sous Paris 6 février 1891. D. 92, 2, 385. — Rousseau, *Traité de Soc.* p. 1548. — Houpin, n° 523. *J. des S.* 1880, p. 542. — Jarjavay, *Des droits et des oblig. des actionnaires*, p. 138. — Boursan, *De l'admon des Soc. an.*, p. 142 et 183. — Vavasseur, *Traité des Soc. civ. et com.*, t. I, n° 167 et t. II, n° 908,

pour objet de fixer une question de *quorum :* dans tous les cas, où l'assemblée générale aura été autorisée par les statuts à délibérer sur telle ou telle modification, elle ne sera valablement constituée et elle ne pourra délibérer *qu'autant que* les actionnaires présents représenteront la moitié au moins du capital social. Voilà ce que cet article veut dire.

Quant à l'argument final de M. l'avocat général Desjardins, tiré de la législation allemande de 1861, il nous semble qu'il suffit pour le détruire, de faire remarquer qu'il est bien improbable que le législateur de 1867 n'ait pas eu connaissance de ces dispositions législatives, que la Cour de Cassation paraît n'avoir soupçonnée que vers 1881 ainsi que l'avoue M. l'avocat général, et que si la loi est muette en France, c'est que son silence a été volontaire.

Si enfin l'interprétation de l'article 31 nous laissait un doute, il nous suffirait de nous reporter à l'article 1134 du Code civil aux termes duquel : « Les conventions légalement formées tiennent lieu de loi à ceux qui les ont faites. Elles ne peuvent être révoquées que de leur consentement mutuel, ou pour les causes que la loi autorise. »

C'est le grand principe qui domine la matière : le système opposé et la Cour de Cassation ont eu le tort de s'en écarter : les arrêts précités sont des arrêts d'espèces, et la théorie une théorie de circonstance (1)

(1) La conséquence en est que M. Thaller est conduit logique-

à laquelle la Cour de Cassation a paru vouloir attacher une autorité quasi législative, en dehors de la question qui lui était soumise. Comme toujours en pareil cas, elle laisse la porte ouverte à l'arbitraire, car, cette question à peine tranchée, en naît-il une autre : que faut-il entendre par les modifications aux statuts qui portent atteinte à l'essence même de la société, et pour laquelle l'unanimité est requise ? Nous reviendrons sur cette question dans le paragraphe suivant.

### Deuxième cas.

Lorsque les statuts stipulent que l'assemblée générale aura le pouvoir de modifier les statuts, ou qu'elle statuera sur tous les cas non prévus, aura-t-elle le droit d'augmenter le capital ?

Selon nous, une disposition aussi vague des statuts doit être soigneusement limitée : elle ne peut avoir pour effet d'accorder à l'assemblée générale de faire

ment à appliquer sa théorie de la personnalité interne aux sociétés en commandite par actions et à admettre que l'art. 31 de la loi de 1867 est applicable à ces sortes de sociétés. Mais il n'est pas suivi dans cette voie par tous ses partisans, dont l'un (M. Wahl, loc. cit. n° 20) reconnait avec nous que cet article est indiscutablement relatif aux seules sociétés anonymes, au titre desquelles il se trouve, et que les sociétés en commandite par actions demeurent sous l'empire des principes qui exigent l'unanimité.

toutes les modifications, car il en est de graves pour lesquelles cette autorisation générale donnée une fois pour toutes par les actionnaires, ne saurait suffire. Et ici encore l'accord est loin d'être établi sur la question que nous signalions tout à l'heure : quelles sont les parties essentielles, et quelles sont les parties secondaires des statuts ? L'intérêt de la question est que, selon nous, les parties essentielles ne peuvent être modifiées par l'assemblée générale en vertu du pouvoir général de modifier les statuts ou de statuer sur les cas non prévus : les autres, au contraire, peuvent l'être.

Le capital rentre à n'en pas douter dans les parties essentielles des statuts (1).

(1) M. Thaller (note D. 93. 1. 105) ne considère comme essentielles que les modifications :

1° Qui anéantissent l'ancienne société pour la remplacer par une nouvelle, telles que :

La détermination d'un nouvel objet.

La conversion de la société en un type juridique d'un autre caractère.

2° Ou qui portent atteinte au droit propre de l'actionnaire dont il emprunte la théorie à l'Allemagne où elle est comme sous le nom de « *Sonderrecht des Ackionnærs* » (Thœl. Handelsrecht, § 160 et s. et Code fédéral suisse des obligations art. 627). Ce droit propre naîtrait d'un contrat synallagmatique entre la société, envisagée sous le rapport de sa personnalité interne, et chaque actionnaire.

Il comprendrait, d'après M. Thaller :

« 1° Le droit acquis pour chaque actionnaire à traiter avec une société régulière ;

Comme le fait remarquer M. Lyon-Caen (1), quel rapport y a-t-il entre une société au capital de 3 ou 4 millions et une société au capital de 300 ou 400,000 francs ? Quelle distinction, d'autre part, pourrait-on établir entre une augmentation importante du capital et une augmentation minime ? Quelle limite fixer ?

M. Boistel fait ressortir ce caractère du capital d'une manière très heureuse (2) :

« C'est, dit-il, un point reconnu qu'une personne ne peut exister en droit sans un patrimoine. Car la personne est un être considéré comme sujet de droits et de devoirs. Or, elle ne peut avoir de droits que s'il existe sous sa main certains biens sur lesquels elle exerce ces droits. Pour les personnes réelles ces biens peuvent être d'ordre immatériel, et le patrimoine existe toujours au moins sous cette forme ; c'est l'existence, la vie physique, intellectuelle ou morale, les capacités, la puissance de travailler ; il y a toujours, en outre, même chez les plus pauvres,

2° Le droit acquis à ne pas être exclu de la société quand les autres y restent ;

3° Le droit acquis à limiter son risque au montant de son action ;

4° Le droit acquis à garder ou à négocier son titre : résolution que chacun prend à part des autres, qui, n'ayant rien de syndical, échappe forcément à la portée de l'assemblée. »

(1) Note sous Cass. 30 mai 1892. S. 92, 1, 562.

(2) Note sous Seine, 6 février 1891. D. 2, 385.

un petit patrimoine extérieur, consistant dans quelques vêtements, quelques meubles. Pour les personnes morales ou fictives, il faut aussi qu'un patrimoine existe et un patrimoine tel qu'il leur permette de remplir le rôle auquel la volonté des fondateurs les a destinés. En effet, s'il est permis à des contractants quelconques, au moins en matière commerciale, de faire naître à leur profit ces personnes morales à l'égard des tiers, il faut au moins que ces contractants leur donnent des organes nécessaires à leur existence, parmi lesquelles figure en première ligne un patrimoine susceptible de faire l'objet de la propriété de la personne morale, de s'accroître des créances qu'elle acquerra et de répondre des dettes qu'elle pourra contracter.

« C'est pour cela que la loi de 1867, plus large en cela que le texte du Code de commerce (art. 43), exige que le montant du capital social soit publié dans toutes les sociétés commerciales et pas seulement dans les sociétés par actions. Si donc quelques cointéressés voulaient créer une société commerciale sans constituer un capital social, ils feraient un acte absolument nul en lui-même, et indépendamment de tout texte formel, parce que cet acte serait une pure contradiction et se présenterait comme contraire *à l'essence* de toute société de ce genre. Cette nullité ne serait pas seulement de nature à être invoquée par des créanciers actuels de cette prétendue société sous forme d'action révocatoire, d'autant que, au moment même de sa constitution, elle ne pourrait pas avoir de créanciers. La nullité existerait à l'égard de tout intéressé, spécialement à l'égard de tous créanciers futurs, et de tous ceux même qui traiteraient à un titre quelconque avec les représentants de cette communauté d'intérêts. Celle-ci manquerait des éléments nécessaires pour pouvoir fonctionner comme personne morale à l'égard des tiers. C'est ce que semble avoir eu en vue l'arrêt de la Cour (6 février 1891) en disant très sommairement que la réduction du capital ne saurait être valable « qu'autant qu'elle peut s'opérer sans préjudice pour les droits des tiers, ni pour le fonctionnement régulier de la société elle-même.

Le préjudice pour les droits des tiers, dans l'espèce soumise à l'arrêt, ce serait le préjudice aux créanciers actuels qui aurait pu donner lieu à l'action paulienne ; l'obstacle au fonctionnement régulier de la société, c'est l'impossibilité de vivre dans l'avenir, entraînant l'impossibilité d'être, par conséquence une nullité absolue à l'égard de tous les intéressés. »

Forts de l'appui de ces auteurs, nous dirons donc que, dans tous les cas, le capital est une partie essentielle des statuts, et que l'augmentation ne pourra en être votée par l'assemblée générale que si les statuts lui en donnent le pouvoir exprès (à condition toutefois que les circonstances de cette augmentation ne soient pas telles que l'on puisse y voir la création d'une société nouvelle), ou à défaut de ce pouvoir exprès, par l'unanimité des actionnaires.

Les partisans de la théorie contraire disent que l'augmentation du capital ne modifie en rien l'essence de la société : que la société est toujours la même, puisque, lorsque l'augmentation de capital a lieu, les taxes fiscales ne sont pas payées sur la partie primitive du capital, que l'on ne réestime pas le fonds engagé sur sa valeur actuelle en le faisant vérifier par les actionnaires de la deuxième série (certains de nos adversaires admettent cependant le contraire, ainsi que nous le verrons plus loin), et que les anciens administrateurs restent en fonctions : cela étant, dans le silence des statuts, et à plus forte raison si les statuts donnent le pouvoir à l'assemblée générale de statuer dans tous les cas non prévus, cette assemblée pourra voter cette augmentation à la majorité.

Ces remarques sont justes, mais s'il est clair que le capital nouveau se juxtapose à l'ancien, il est non moins évident que cette juxtaposition altère profondément l'essence de ce dernier, exactement, pour nous servir d'une comparaison, comme le fait de surélever de plusieurs étages une maison élevée d'un seul, altère l'essence de l'immeuble au point de le rendre méconnaissable, bien que l'étage primitif ne soit pas altéré dans sa constitution, qu'il supporte le même quantum d'impôts, et qu'il continue d'abriter le même locataire.

Le texte même de la loi est encore en notre faveur : le capital est par définition de l'essence de la société, et ce à un double titre :

Qu'est-il donc, sinon la représentation de ce « quelque chose que les associés conviennent de mettre en commun » (art. 1832 Code civ.).

Cet article ajoute : « dans la vue de se partager le bénéfice qui pourra en résulter ». Or, par l'augmentation du capital, les actionnaires anciens verront diminuer leur part de bénéfices par suite d'un fractionnement plus considérable de ces bénéfices, dont l'accroissement ne correspond pas fatalement à l'accroissement du capital. Le pacte social subira donc de ce chef une altération, qui peut être telle que l'on puisse dire que les actionnaires n'auraient pas souscrit s'ils en avaient eu connaissance dès l'origine.

### Troisième cas.

Enfin, les statuts peuvent contenir deux clauses :

I. — Soit une clause autorisant les administrateurs à porter le capital à une certaine somme indéterminée et laissée à leur choix, ou fixant dès à présent un chiffre d'augmentation, en autorisant les administrateurs à l'atteindre par voie d'émissions successives laissées à leur appréciation.

Ce second procédé n'a rien d'illicite, ainsi que le fait observer M. Wahl (1) : « Ce qui résultera de là, dit cet auteur, c'est qu'au fur et à mesure des émissions le capital s'augmentera, la première émission comprendra toutes les actions qui formeront au moment de cette émission le capital primitif de la société. On ne peut donc pas dire que le capital primitif n'est pas entièrement souscrit. »

II. — Soit une clause autorisant l'assemblée générale à décider cette augmentation lorsqu'elle lui semblera utile.

Dans ce cas, rien ne s'oppose à ce que l'assemblée générale ainsi autorisée ne délègue aux administrateurs le pouvoir qui lui est conféré, puisque les statuts auraient pu valablement leur donner directement cette autorisation : ce procédé a même l'avantage de mieux assurer la réussite de l'opération, puisque c'est laisser à un petit nombre de personnes le soin d'en choisir le moment propice sans avoir à procéder au préalable à la réunion assez longue d'une assemblée générale.

Ces deux clauses sont valables car elles ont reçu l'approbation unanime des actionnaires par leur adhésion aux statuts; et cette approbation implique

(1) Wahl, loc. cit., nº 25.

un véritable mandat donné lors de la constitution de la société par tous les actionnaires, soit aux administrateurs, soit à l'assemblée générale, ou encore une ratification anticipée des mesures qu'ils prendront dans les limites déterminées aux statuts.

Cependant selon beaucoup d'auteurs, à l'opinion desquels nous nous rangeons, le consentement tacite des actionnaires dans ces deux clauses doit être interprété d'une manière restrictive :

Si l'augmentation a lieu par l'émission d'actions nouvelles, ou par l'attribution d'actions nouvelles en représentation d'apports en nature, où à des créanciers sociaux, pas de difficultés.

Mais il faudra obtenir le consentement unanime des actionnaires dans les cas suivants :

I. — Si l'augmentation a lieu :

1° Par voie de doublement d'actions ;

2° Ou par voie de dédoublement d'actions.

Les actionnaires anciens auront à verser les fonds représentant la valeur du complément des actions dans le premier cas, et la valeur des actions dédoublées nouvelles dans le deuxième cas, ou tout au moins dans l'un et l'autre cas à effectuer le versement du quart. C'est donc exiger d'eux un fait. S'ils se montrent récalcitrants il faut les exproprier de leurs actions : or il est à présumer qu'en autorisant d'une manière générale l'augmentation du capital, les actionnaires n'ont pas entendu être appelés à faire des versements complémentaires pour conserver leurs actions, ni s'engager à fournir leur fait.

II. — Si l'augmentation a lieu par l'attribution d'actions en représentation de fonds de réserve distribués aux actionnaires.

Dans ce cas, les nouvelles actions vont être rémunérées sur les bénéfices qui profitaient auparavant exclusivement aux anciennes, sans qu'à titre de contre-partie le fonds social ne soit enrichi d'un actif réel, puisque cette opération n'est que la mise en circulation de fonds autrefois immobilisés.

III. — Si l'augmentation a pour résultat d'empêcher les actions d'être négociées, ce qui a eu lieu dans le cas suivant par exemple :

Lorsque les actions anciennes déposées dans les caisses de la société pour y être échangées y demeurent pendant un temps plus long que ne le nécessite l'opération matérielle qui en est la cause (1).

Ou lorsque l'opération fait subir une perte aux actionnaires : si, par exemple, il est dit que les actionnaires qui ne souscriraient pas des actions nouvelles émises en échange d'actions anciennes à un taux inférieur, mais en plus grand nombre, recevront en échange de leurs anciennes actions un nombre égal d'actions nouvelles (2).

(1) Paris, 10 juin 1887 (*R. S.* 1888, 13).
(2) Lille, 15 juin 1885 (*R. S.* 1885, 552).

Sur tous ces points, nous sommes d'accord avec les partisans de la théorie de l'omnipotence de l'assemblée générale ; mais est-il bien nécessaire, pour leur donner cette solution, de recourir à la savante théorie du « droit propre » de l'actionnaire, de découvrir « sous le statut général autant de contrats particuliers que de souscripteurs, qui font de chaque adhérent un stipulant qui limite sa prestation, et regarde la société, l'être moral, comme sa contre-partie » ; d'opposer l'actionnaire, en tant qu'individu, à la société constituant un tout, pour refuser « à ce tout représenté par l'assemblée générale, le pouvoir de dénaturer après coup le contrat synallagmatique intervenu entre la société et l'actionnaire, en mettant à la charge de la partie opposée des obligations que celle-ci n'avait pas assumées dès le début (1) ».

Nous croyons qu'il suffit de dire ceci : Le souscripteur, en signant son bulletin de souscription, n'a pas entendu vis-à-vis des autres s'engager à fournir son fait, ni à subir un préjudice : chaque souscripteur, en donnant à son tour son adhésion aux statuts, a traité sous la même foi ; la société étant la résultante de ces volontés identiques, il faudra le concours en sens contraire de volontés identiques exprimées d'une manière expresse, pour obliger les associés ou quelques-uns d'entre eux à fournir ce fait, ou pour leur faire subir ce préjudice.

(1) Thaller. Note, D. 93, 1, 105 et s.

Ce raisonnement nous permettra de justifier encore la solution que nous admettrons sur le point suivant :

La clause autorisant l'assemblée générale ou les administrateurs à augmenter le capital social, leur donne-t-elle *de plano* le droit de créer des actions de priorité ?

Ces sortes d'actions confèrent à leurs titulaires, l'avantage de prélever, avant toute répartition aux autres actionnaires, une quote-part des bénéfices, et de plus un droit de préférence sur la répartition du capital lors de la dissolution de la société.

A créer de pareilles actions dans le cas qui nous occupe, M. Thaller ne voit pas d'obstacle dans le principe de l'égalité de tous les actionnaires devant le dividende, car cette qualité n'est pas, d'après lui, un principe substantiel de la société par actions.

Néanmoins il admet que ce qu'il y a de vrai dans cette doctrine de l'égalité se ramène à ceci : « Il n'appartiendrait pas à un groupe de porteurs de profiter de son influence pour s'assurer désormais dans un vote de modification, un rendement privilégié par rapport à d'autres actionnaires de même série. Il ne serait pas impossible, selon lui, de saisir les éléments d'une pareille manœuvre, dans la préemption des actions de priorité réservée aux forts actionnaires à l'exclusion des autres : on serait alors en présence d'une atteinte aux droits propres de l'actionnaire : on ne peut imposer à l'individu un sacrifice sans compensation, l'acceptation d'un sort pire que ses pareils (1). »

Selon nous, la question doit être présentée un peu différemment :

Les actions de priorité peuvent être accordées aux actionnaires anciens ; dans ce cas nous reconnaissons volontiers avec M. Thaller que l'opération qui consiste à réserver un premier dividende à ces actionnaires, en ne donnant ouverture aux prétentions de nouveaux actionnaires, que passé un certain taux de bénéfices, est loin d'être condamnable. Elle n'a, en effet, pour résultat que d'améliorer la situation des anciens actionnaires, et ceux-ci seraient mal venus à prétendre qu'ils n'ont pas donné implicitement leur adhésion à toute modification qui aurait cet effet. C'est la seule hypothèse qu'envisage M. Thaller.

Les actions de priorité peuvent aussi donner à certains des actionnaires nouveaux tous les droits de préférence possibles sur le nouveau capital ; l'assemblée générale le déciderait valablement ainsi, selon nous, car les nouveaux actionnaires savent à quoi ils s'engagent en souscrivant leurs actions.

Mais si, pour attirer les capitaux, l'on décide que toutes les actions nouvelles seront privilégiées à l'encontre des actions anciennes, la situation est toute

(1) Thaller, loc. cit.

différente. Le privilège accordé ainsi aux nouveaux venus cause un préjudice évident aux anciens actionnaires, et dans ce cas comme dans tous les autres où ce préjudice apparaîtra clairement, nous maintiendrons que les actionnaires primitifs n'ont nullement entendu en souscrivant être exposés à subir dans la suite un dommage, résultant d'une modification statutaire qu'ils n'auront pas été tous appelés à approuver, et nous exigerons leur consentement unanime (1).

Il nous reste pour terminer sur la question du consentement à préciser l'effet de la clause qui permet seulement de réduire le capital.

Conformément aux principes qui nous ont déjà guidés, cette clause doit être entendue d'une manière restrictive, et l'on ne saurait en conclure que l'assemblée générale soit autorisée à augmenter le capital social ; il faut selon nous une clause expresse.

Des auteurs qui reconnaissent l'omnipotence de l'assemblée générale, donnent sur ce point la même solution, mais en la motivant différemment : « Que l'assemblée générale, disent-ils, ait ou non en droit

(1) Paris, 19 avril 1875. S. 76, 2, 113 et s. Cet arrêt est très formel : « Considérant que de pareils privilèges concédés aux actions de priorité quant aux partages des bénéfices, sont des dérogations à la loi du contrat qui n'auraient pu devenir valables que si elles avaient été consenties par l'unanimité des actionnaires, etc. »

commun le pouvoir de faire ces modifications, il suffit que l'une d'elles lui soit permise par les statuts pour que l'autre lui soit implicitement refusée » ; et ils ajoutent que l'augmentation du capital est à certains points de vue plus dangereuse pour les actionnaires que la réduction, car immédiatement les nouveaux actionnaires viennent prendre leur part des bénéfices annuels : « on comprend donc que le droit de réduire le capital n'entraîne pas celui de l'augmenter ». Relevons en passant cette argumentation de nos adversaires, car elle vient à l'appui de notre théorie générale : Si en effet l'augmentation du capital est dangereuse pour les actionnaires, l'est-elle moins en droit commun dans le silence des statuts que lorsque ceux-ci prévoient uniquement le cas de réduction, et n'est-il pas arbitraire d'accorder en droit commun à l'assemblée générale, des pouvoirs qu'on lui refuse à raison de la seule existence d'une clause dont on ne peut tirer qu'un argument *a contrario*.

### Droit étranger.

C'est principalement sur les questions qui précèdent qu'il y a utilité à examiner les solutions qui y sont données par les principales législations étrangères. — Passons-les rapidement en revue.

— En Angleterre la loi est précise : « Toute compagnie par actions pourra modifier les conditions de son acte d'association si elle y est autorisée par les règlements primitifs ou émendés par une résolution spéciale ; soit pour augmenter son capital par l'émission d'actions nouvelles, soit etc. (1). »

— La loi belge de 1873 (art. 59) autorise l'assemblée générale sauf dispositions contraires à apporter des modifications aux statuts, mais cette assemblée doit être composée d'actionnaires représentant la moitié au moins du capital social, et aucune modification n'est admise que si elle réunit les trois quarts des voix. Cette dernière disposition est plus équitable que le vote à la majorité absolue, et elle diminue le danger de l'adoption d'une modification sous l'influence de quelques puissants actionnaires. Mais à cet avantage il y a une contre-partie, car « si la moitié du capital n'est pas représentée à une première assemblée, une deuxième assemblée est convoquée qui délibère valablement quelle que soit la portion du capital représentée par les actionnaires présents ».

L'article 215 du Code de Commerce allemand de 1863, modifié en 1884, permet à l'assemblée générale de modifier les statuts, mais elle ne peut y procéder avant le versement intégral du capital, sauf

(1) Art. 12 de la loi de 1862. 25 et 26. *Victoria*, chap. 84.

cependant en ce qui concerne les sociétés d'assurances (1).

L'alinéa 2 porte qu'à moins que les statuts soumettent à d'autres conditions la modification de la classe qui fait l'objet de la décision, cette décision est prise par une majorité des trois quarts du capital social représenté à l'assemblée.

Et l'alinéa 6 ajoute que lorsque la décision a pour effet de modifier au préjudice d'une des catégories existantes d'actions les droits respectifs antérieurs de ces actions, il faut outre la décision prise par l'assemblée générale commune, le consentement d'une assemblée particulière des actionnaires lésés, et cette décision doit être prise en conformité de la prescription du 2e alinéa.

Cette disposition est conforme à la solution que nous avons donnée en ce qui concerne la création d'actions de priorité.

Cependant, malgré le texte de cet article, certains auteurs allemands admettent qu'une assemblée générale extraordinaire suffit pour autoriser la création d'actions de priorité, et donnent pour argument que « les inconvénients subis par les anciens actionnaires trouvent une compensation suffisante dans le moyen que leur fournit la nouvelle émission de trouver les capitaux nécessaires ».

(1) Dans ces sortes de sociétés, en effet, la nature des opéra-

Comme le fait remarquer M. Wahl (nº 125) auquel nous empruntons ces indications, « c'est déplacer la question, car il s'agit seulement de savoir si les droits garantis aux actionnaires par la loi ou les statuts sont ou non modifiés, et du reste il n'est pas toujours vrai, en fait, qu'une émission d'actions ordinaires eut échoué, et que le seul moyen de se procurer des capitaux fût de recourir à une émission d'actions priviligiées ».

Ces mêmes auteurs ont voulu encore assimiler les actions privilégiées à des obligations, et à ce titre permettre à l'assemblée générale d'en faire l'émission. Sans entrer dans le fond de la question, il nous suffira de rappeler que ces actions conservent leur nature d'actions, puisqu'elles donnent droit à des dividendes, à une part de l'actif social, et permettent à leurs titulaires de faire partie des assemblées générales : pour ces divers motifs on ne peut les assimiler à des obligations.

En Autriche, le Code de commerce allemand de 1860 est toujours en vigueur ; or ce Code ne s'est pas occupé des augmentations de capital ; un projet de loi de 1882 (*Bull. de légis. comp.* 1882, p. 332 et s.) autorisait l'assemblée générale à faire toutes modifications aux statuts ; mais pour l'émission d'actions

tions ne nécessite pas le versement intégral dès le début, car elles n'exigent pas un fonds de roulement considérable.

privilégiées, il exigeait que l'assemblée générale la votât à un nombre de voix représentant la moitié du capital social.

Le Code italien de 1882 contient des dispositions intéressantes :

La reconstitution ou l'augmentation du capital social ne peut être mise en délibération que par une assemblée comprenant les trois quarts du capital social, et seulement si les votants représentent la moitié au moins de ce capital. De plus : « les associés faisant partie de la minorité, sauf consentement par eux donné dans l'acte constitutif, ont le droit de se retirer de la société et d'exiger le remboursement de leur part ou de leurs actions au taux déterminé par l'actif social, suivant le dernier bilan approuvé. Les démissions doivent être données sous peine de déchéance, savoir, par les membres ayant assisté à la délibération dans les vingt-quatre heures qui suivent la clôture ; par les membres absents, dans le mois qui suit la publication de la délibération par les journaux d'annonces judiciaires. »

Le Code fédéral suisse des obligations n'est pas très précis sur les points qui nous occupent, et il ne détermine pas la composition de l'assemblée générale : dans le cas particulier d'augmentation du capital, l'article 619 se borne à dire qu'en cas d'extension ou de réduction des affaires sociales, ou en cas de fusion, la délibération ne peut avoir lieu que si les deux tiers du capital social y sont représentés ; on paraît cependant d'accord pour admettre que les actionnaires, représentant la majorité du capital social, peuvent décider la modification du capital. Mais il résulte de l'article 627 que les actions privilégiées ne peuvent être émises que du consentement unanime des actionnaires, du moins si cette émission porte atteinte à des droits acquis. Ce Code n'admet pas la modification du capital nominal des actions.

Enfin, d'après le Code espagnol (art. 168), l'assemblée générale peut décider l'augmentation ou la réduction du capital social ; mais elle ne peut prendre de décision en ce sens, que si la lettre de convocation ou un avertissement spécial, donné dans un délai légal, indique qu'il sera procédé à cette délibération.

A défaut de détermination par les statuts du nombre d'actionnaires pour prendre part à la délibération, ce nombre ne peut être inférieur aux deux tiers du nombre total des associés, ni la fraction du capitalre présentée, inférieure aux deux tiers de la valeur nominale du capital.

Le projet de loi français de 1884 voté au Sénat, n'autorisait l'augmentation du capital que si elle était prévue par les statuts, ou si elle était votée par l'unanimité des actionnaires (1). Il était difficile, en effet, qu'il en fût autrement, étant donnée la jurisprudence

(1) Rapport de M. Bozérian, *J. Off.*, novembre 1884, p. 1801.

constante de la Cour de Cassation à cette époque.

Mais il est moins certain que si ce projet revenait au jour, il soit voté dans ces termes: nous reconnaissons d'ailleurs qu'il faudrait être moins rigoureux: exiger l'unanimité des actionnaires, c'est vouloir l'impossible, nous l'avons déjà dit; mais il faudrait au moins garantir les droits des absents ou des dissidents, mieux qu'ils ne sont garantis par l'article 31 de la loi de 1867.

Nous verrions par exemple avec faveur, une disposition ainsi conçue: « L'assemblée générale des actionnaires a le droit de décider l'augmentation ou la réduction du capital social. La lettre de convocation devra spécifier l'objet de la délibération, et un avis dans le même sens devra être publié quinze jours au moins avant la date de l'assemblée.

« L'assemblée ne délibérera valablement que si elle est composée d'actionnaires représentant les 2/3 au moins du capital social, et toute modification du capital devra être votée à la majorité des 3/4 des membres présents.

« Les dissidents auront le droit de se retirer de la société et d'exiger le remboursement de leurs parts ou de leurs actions au taux déterminé par l'actif social suivant le dernier bilan approuvé. Ces démissions devront avoir lieu, dans les vingt-quatre heures de la délibération pour les actionnaires présents à l'assemblée, et, pour les absents, dans le mois qui suivra la publication de la délibération dans les journaux d'annonces judiciaires, le tout à peine de déchéance.

« L'émission d'actions privilégiées ne pourra être décidée qu'à l'unanimité des membres présents à l'assemblée générale. »

## SECTION II

### APPLICATION A L'AUGMENTATION DU CAPITAL DES CONDITIONS ET FORMALITÉS SPÉCIALES ÉDICTÉES PAR LES LOIS DU 24 JUILLET 1867 ET DU 1er AOUT 1893.

Nous venons de voir la première des conditions exigées pour l'augmentation du capital : le consentement des actionnaires.

Ce n'est pas la seule.

La loi du 24 juillet 1867, modifiée par la loi du 1er août 1893, a imposé pour la constitution des sociétés par actions des conditions et formalités rigoureuses, en vue de protéger les intérêts multiples qui sont en jeu :

Intérêts des souscripteurs d'actions et des cessionnaires d'actions contre les fraudes des fondateurs.

Intérêts des tiers qui peuvent être lésés par l'annonce d'un capital fictif.

Mais ces lois sont muettes sur ces formalités et conditions, lorsqu'il s'agit de modifier les bases de la société. Faut-il néanmoins les appliquer à l'augmentation du capital social ?

La plupart des auteurs et la jurisprudence sont d'accord pour les exiger en cette occasion. Leur argumentation se résume à ceci :

Sans doute la loi de 1867 et celle de 1893 n'ont pas parlé de l'augmentation du capital pour l'assujettir d'une manière expresse aux formalités qu'elles édictaient, mais il n'en est pas moins certain que les considérations qui les ont fait établir pour la constitution de la société demeurent entières lorsqu'il s'agit de l'augmentation du capital : les actionnaires, les cessionnaires d'actions et les tiers ont besoin dans l'un et l'autre cas de la même protection.

Il est logique d'ailleurs que cette protection, établie à la naissance de la société, ne cesse pas pendant sa vie. Les textes ne fournissent contre cette solution aucun argument même spécieux, et les travaux préparatoires ne donnent aucune indication de l'intention contraire du législateur. Nous n'insisterons donc pas davantage sur cette question qui est résolue.

Rappelons seulement pour ordre que certains auteurs ont fait une distinction : d'après eux, il faudrait exiger ces formalités si l'augmentation du capital a pour effet de créer une société nouvelle ; ce serait inutile dans le cas contraire. Notre opinion étant comme on le verra plus loin que l'augmentation du capital constitue, en principe, non pas une société nouvelle, mais une nouvelle société partielle, ne modifiant aucunement les caractères de l'ancienne, nous ne pouvons nous ranger sur ce point à l'avis de ces auteurs.

Mais les formalités et conditions de la loi de 1867 doivent-elles être toutes appliquées indistinctement à tous les modes d'augmentation du capital ?

Elles peuvent l'être, selon nous, dans les cas suivants :

1° Si l'augmentation a lieu par voie d'émission publique d'actions nouvelles.

2° Si l'augmentation a lieu par voie d'attribution aux anciens actionnaires de toutes les actions nouvelles sans émission publique, car leur application est possible, et d'autre part l'intérêt des tiers l'exige. On a voulu assimiler ce cas au cas d'augmentation du capital par voie de fusion ; c'est une erreur : la seule chose commune aux deux hypothèses est que l'augmentation n'a lieu, dans un cas ni dans l'autre, par émission publique.

3° Si elle a lieu par voie de dédoublement ou de doublement d'actions.

4° Si elle a lieu par attribution d'actions aux créanciers sociaux.

Dans tous ces cas, en effet, les tiers ont intérêt à

connaître le chiffre exact du capital, et à savoir si cette augmentation a été régulière.

La jurisprudence a décidé que ces formalités et conditions ne sont pas applicables lorsque leur accomplissement serait impossible à raison de la constitution particulière de la société.

Un exemple de cette impossibilité apparaît dans l'augmentation du capital par voie d'annexion d'une société en liquidation à une autre société : la souscription est alors représentée par l'attribution d'action à la société dissoute, faite dans le traité de fusion intervenant entre le liquidateur de la société en dissolution, et les administrateurs de l'autre. Ce traité d'apport fusion équivaut lui-même à la déclaration de souscription, et à ce titre il doit selon nous être fait en la forme notariée. Les autres formalités de la loi de 1867 demeurent dans cette hypothèse aisément applicables.

— Si la question de l'application des formalités et conditions des lois de 1867 et de 1893 ne présente pas de difficultés spéciales lorsqu'il s'agit d'une société constituée sous l'empire de l'une ou l'autre de ces lois, il en est différemment lorsque la société a été créée antérieurement à l'une ou l'autre d'entre elles.

La difficulté s'est présentée une première fois en 1867 :

La Cour de Cassation a décidé que les formalités et conditions de la loi de 1867 ne devaient être exigées pour l'augmentation du capital d'une société créée antérieurement à cette loi, que si l'augmentation entraînait la création d'une société nouvelle.

Elle argumentait :

1° De l'article 46 de la loi de 1867 aux termes duquel : « les sociétés anonymes actuellement existantes continueront à être soumises, *pendant toute leur durée*, aux dispositions qui les régissent ». Si donc l'augmentation de capital ne créait pas une société nouvelle, cette augmentation devait être faite suivant la loi en vigueur lors de la constitution de la société ; la solution contraire blesserait le principe de la rétroactivité des lois.

La chambre des requêtes allait même jusqu'à dire que l'augmentation de capital des sociétés antérieures à la loi de 1867 ne créait jamais une société nouvelle (1).

La chambre civile est cependant revenue sur cette doctrine en 1879 (2).

2° De l'article 45 de la même loi qui ne soumet les sociétés alors existantes, qu'aux dispositions des articles 13, 14, 15 et 16 de cette loi, sans parler des articles relatifs aux formalités de constitution.

Mais la doctrine de la Cour de Cassation n'est pas impossible à réfuter :

(1) Cass. Req., 24 mai 1869. Sir. 70, 1, 125. — Id. 9 janvier 1878, Sir. 78, 1, 409.

(2) Cass. Civ., 12 février 1879, Sir. 79, 1, 217.

L'article 46 paraît ne pas avoir eu en vue la question : il n'a pas eu en vue notamment les émissions d'actions; on ne peut donc en faire état.

Quant à l'article 45, s'il ne parle pas des articles 1 et 3 de la loi de 1867 en termes propres, il renvoie aux articles 13, 14, 15 et 16, qui sont précisément la sanction pénale des articles 1, 2 et 3. Or, comme d'après l'article 45, ces dispositions pénales concernent les sociétés antérieures à la loi de 1867, de même que celles postérieures à cette loi, il en résulte évidemment que les prescriptions des articles 1 à 3, obligatoires pour celles-ci, le sont également pour celles-là.

« Il faut en conclure que toutes les fois qu'aux fondations des sociétés antérieures à la loi de 1867, il est, au moyen d'une augmentation de capital, ajouté une assise nouvelle qui les élargit et les complète, ces sociétés, tout en demeurant pour le reste soumises à l'ancienne législation, doivent, quant à l'innovation dont s'agit, subir l'empire des prescriptions modernes (1). »

La Cour de Paris a jugé cependant en sens contraire (2).

La question se pose avec plus d'actualité encore depuis 1893.

La Cour de Cassation n'a pas eu encore à se pro-

(1) Bourguignat, note sous Cass. 9 janvier 1878. S. 78, 1, 409. — Houpin, *Journal des Soc.*, 1896, page 11.

(2) Paris, 15 juin 1883, *R. des Soc.*, 1884, 24.

noncer sur ce point, mais il faut noter que sa jurisprudence, déjà méconnue par l'arrêt de la Cour de Paris précité, l'a été encore par le tribunal civil de la Seine dans son jugement de 6 février 1895 (1).

### § I. — Des actions.

TAUX — NATURE — FORME — NÉGOCIATION.

I. — Depuis la loi de 1893, le taux minimum des actions est de 25 francs, si le capital n'excède pas 200,000 francs, et de 100 francs, s'il les excède.

Si le capital primitif n'excédait pas 200,000 francs, les actions nouvelles peuvent n'être que de 100 fr., selon nous (2), car l'égalité entre les actions n'est pas rigoureusement indispensable.

Si le capital total, en y comprenant les actions nouvelles, ne dépasse pas 200,000 francs, les actions nouvelles peuvent n'être que de 25 francs. Le chiffre de 200,000 francs se détermine par l'augmentation réellement faite, et non pas par celle que l'assemblée a autorisé les administrateurs à faire, si celle-ci n'est pas atteinte (3).

(1) *J. S.* 1896, 80.

(2) Conf. Houpin, n° 480. — Lyon-Caen et Renault, *Appendice au Traité des Soc. par act.*, n° 57. — Contrà Wahl, n° 31.

(3) Conf. Wahl, n° 32. — Houpin, loc. cit.

Si le capital était inférieur à 200,000 francs, les actions nouvelles peuvent être émises à 25 francs. Si l'émission a pour effet d'élever le capital au-dessus de 200,000 francs, les nouvelles actions doivent être de 100 francs au minimum ; mais, *quid* pour les anciennes ? Selon nous, elles peuvent rester au taux de 25 francs, sauf :

1° Si l'augmentation du capital a pour effet de créer une société nouvelle ;

2° Si elle n'a lieu que peu après la constitution de la société, et s'il paraît que les fondateurs ont agi de cette façon uniquement pour échapper au minimum de 100 francs pour les premières actions, afin d'écouler plus facilement leurs titres ;

3° Ou encore si le capital primitif a été divisé en plusieurs fractions, dont la première était de 200,000 fr., et que ces fractions ont été émises successivement, car ici encore la fraude est apparente (1).

Sous ces trois réserves, les actions anciennes peuvent demeurer au taux de 25 francs : cela a l'avantage de conserver aux petites bourses l'accès de sociétés importantes ; d'ailleurs le texte de l'article 34 du Code de commerce aux termes duquel « le capital de la société anonyme se divise en actions et même en coupons d'actions d'une valeur égale », n'est pas, à notre sens, contraire à cette solution. Il

(1) Houpin, 480, *in fine*.

se borne à indiquer le *quod plerumque fit*, et nous ne croyons pas que l'égalité du taux soit de l'essence même de l'action.

II. — Les actions nouvelles peuvent être privilégiées par rapport aux actions anciennes.

A l'inverse, les actions anciennes peuvent être privilégiées par rapport aux nouvelles.

Les actions représentant une augmentation du capital social peuvent être émises au dessus du pair, avec une prime à payer par les souscripteurs.

Cette prime peut être portée aux fonds de réserve ou répartie entre les anciens actionnaires.

Nous verrons sous le § VII quelle est la nature de ces primes.

Mais les actions nouvelles ne peuvent pas à notre avis être émises au dessous du pair, car si cela a l'avantage d'attirer les souscripteurs, cela a l'inconvénient de tromper les tiers sur le capital effectivement versé. C'est d'ailleurs la solution qui est admise lorsqu'il s'agit de la constitution de la société.

III. — Les actions émises en augmentation de capital ne sont négociables qu'après l'accomplissement de toutes les formalités et conditions légales de même que lors de la constitution de la société.

Mais, en ce qui concerne les actions d'apport, la loi de 1893 a établi qu'elles ne seraient négociables que deux ans après la constitution de la société : le motif de cette disposition est qu'il ne faut pas que les apporteurs soient tentés de majorer leurs apports, puis se hâtent d'écouler, avant que les affaires ne périclitent, les titres qui leur ont été attribués en échange.

Cette disposition de la loi de 1893 doit être appliquée par identité de motifs, lorsque des actions sont attribuées en représentation d'apports faits en augmentation de capital.

Il est bon de signaler ici une proposition de loi de M. Graux, député, ayant pour objet d'autoriser les actions de 25 francs, quel que soit le chiffre du capital social (1). Ce projet de loi apporte en effet une modification à la disposition de la loi de 1893, relativement aux actions d'apport, dans les termes suivants :

« Art. 4. — Au paragraphe 3 de l'art. 2 de la loi du 1er août 1893 est ajouté le paragraphe suivant : Cette disposition n'est pas applicable lorsque l'apport est fait à une société préexistante. »

M. Naquet avait déjà, lors de la discussion de la loi de 1893 proposé par voie d'amendement de rendre cette prescription d'un délai de deux ans inapplicable lorsque l'apport résulterait de la réunion de plusieurs sociétés par actions, car selon lui, l'inter-

(1) *J. S.*, 1897, p. 45.

diction de négocier les actions d'apport pendant deux ans présentait un inconvénient grave : elle arrêtait la liquidation des sociétés qui réalisent leur actif en l'apportant à une autre société par actions, et ce retard était préjudiciable aux membres de la société en liquidation.

Les dangers auxquels la disposition proposée de la loi de 1893 avait à parer, sont en effet moins à craindre lorsque c'est une société en liquidation qui fait l'apport, car les évaluations de cet apport sont déjà fournies par les bilans et les inventaires : la fraude est donc plus difficile.

Mais le nouveau texte proposé ne prévoit pas le cas où l'apport est fait à une société préexistante, par une société en liquidation ; en ce sens, il est trop étroit.

D'autre part, il est trop large, en ce sens qu'il paraît comprendre même le cas où l'apport est fait par un particulier à une société préexistante.

Il aurait mieux valu dire, ainsi qu'on l'a fait très justement remarquer (1) : « Cette disposition n'est pas applicable lorsque l'apport est fait *par* une société préexistante. »

IV. — Les actions autres que les actions d'apport doivent, d'après l'article 3 modifié par la loi de 1893,

(1) Ledru. *J. S.* 1897, p. 12.

demeurer nominatives jusqu'à leur entière libération.

Cette disposition doit être aussi appliquée aux actions émises en augmentation du capital.

### § II. — Souscription du capital. — Versement légal.

Nous allons entrer maintenant dans le détail des formalités et conditions nécessaires à la validité de l'augmentation du capital.

Nous serons brefs sur bien des points qui ne font plus l'objet d'aucune controverse, mais qu'il est cependant utile de rappeler pour être complet.

Il est maintenant indiscuté (1) que les formalités et conditions prescrites par la loi de 1867 pour la constitution des sociétés par actions, et ce, à peine de nullité, sont applicables à l'augmentation du capital social, pour les motifs que nous avons indiqué au début de ce chapitre.

Nous en concluerons donc, en premier lieu, qu'il est nécessaire que le nouveau capital soit entièrement souscrit.

Si l'émission n'est pas entièrement couverte, ceux qui ont souscrit ne sont en aucune façon tenus de verser le montant de leur souscription, car ils n'ont

(1) Contrà, Vavasseur — Rubat de Mérac, nº 224.

contracté qu'en vue d'une émission qui serait couverte intégralement; ils réclameront donc valablement comme créanciers le montant de leur versement.

On reconnait avec raison que les souscriptions faites par la société elle-même (soit par l'intermédiaire d'administrateurs, soit par l'intermédiaire d'hommes de paille) doivent être annulées, car dès lors la souscription n'est pas sincère.

C'est d'ailleurs la seule raison suffisante de cette annulation.

Ce serait une erreur de dire que la souscription doit être annulée lorsqu'elle est faite dans ces termes, parce que la société en souscrivant elle-même les nouvelles actions diminue le capital social, car c'est non pas le capital qu'elle diminue en procédant ainsi, mais le patrimoine social. On aurait également tort de dire que la souscription doit être annulée parce que le patrimoine social est détourné de sa destination, car la société peut faire de ce patrimoine l'usage qu'elle en veut.

Les statuts ou l'assemblée générale peuvent décider que l'augmentation du capital sera limitée au montant atteint par la souscription ; ils peuvent encore autoriser le conseil d'administration à limiter cette augmentation à un chiffre moins élevé que celui prévu.

Tant que l'augmentation de capital n'est pas définitivement réalisée, les fonds provenant des souscriptions acquises ne peuvent recevoir une destination différente sans l'assentiment des actionnaires anciens et des nouveaux souscripteurs.

Enfin la souscription doit être pure et simple.

Souvent les statuts ou l'assemblée générale qui décide l'augmentation du capital réservent aux anciens actionnaires le droit de souscrire les actions nouvelles en totalité ou en partie par préférence à des tiers ; mais ce n'est pas là un droit absolu qu'il faille accorder dans tous les cas aux anciens actionnaires dans le silence des statuts, ou en l'absence d'une décision en ce sens de l'assemblée générale.

Les nouvelles actions souscrites en numéraire doivent être libérées conformément aux prescriptions de l'article 1er de la loi du 24 juillet 1867 modifiée par la loi du 1er août 1893, c'est-à-dire, entièrement, si les actions sont de 25 francs ; d'une somme d'au moins 25 francs, si le taux des actions est supérieur à 25 francs et inférieur à 100 francs ; et du quart au moins, si les actions sont de 100 francs ou au-dessus (sans qu'il y ait lieu pour le calcul de ce quart à tenir compte du montant de la prime s'il y en a, car la prime ne fait pas partie de l'action).

Les actions créées en représentation d'apports en nature doivent être entièrement libérées.

Le versement sur les actions nouvelles peut être fait par compensation, si le souscripteur est déjà créancier de la société. A notre avis, cette hypothèse est toute spéciale à l'augmentation du capital, car lors de la constitution de la société il ne peut y avoir de créanciers de la société, puisque celle-ci n'existe pas encore à l'époque où la libération des actions en totalité ou au quart, est exigée (1).

Ce paiement par compensation équivaut à un paiement en espèces.

Il en est de même pour un paiement par virement.

Mais la loi du 1er août 1893 exigeant en termes précis un paiement *en espèces* on ne saurait étendre plus loin l'assimilation.

### Conversion des parts de fondateur en actions a titre d'augmentation du capital social.

Les parts de fondateurs sont des titres qui donnent droit à un prélèvement de bénéfices sociaux avant les actions.

Elles sont accordées le plus souvent à titre de rémunération des études, démarches et dépenses faites par les fondateurs, lors de la constitution de la société.

L'existence de ces parts peut devenir gênante à un moment donné : si par exemple on veut augmenter

(1) Contrà Lyon-Caen et Renault, no 699.

le capital social, les actionnaires nouveaux hésiteront à s'engager dans une société, aux bénéfices de laquelle ils n'auront droit qu'après le prélèvement de ceux afférents aux parts de fondateurs. Aussi a-t-on été amené à l'idée de convertir, avant toute émission, ces parts de fondateurs en actions créées à titre d'augmentation de capital.

On a dit pour soutenir la légalité de ce procédé que les titulaires de parts de fondateurs faisaient à la société l'apport de ces parts : l'opération serait donc licite si les formalités prescrites pour la vérification et l'approbation des apports en nature étaient observées.

A notre avis (1), ce procédé est illégal au contraire, car pour constituer un apport en nature, il faut un actif actuel ou un actif éventuel, mais certain (tel qu'une créance à terme par exemple).

Or en quoi consisterait celui dont nous parlons ? En un droit à des bénéfices? Rien n'est plus incertain et aléatoire : il nous paraît donc impossible de créer en échange d'un tel apport, des actions qui donneront droit à une part de l'actif social : il n'y a pas, en réalité, contre-partie entre cet apport et la rémunération dont il est l'objet.

Le seul moyen légal, selon nous, de procéder à

(1) Conf. Houpin, *J. S.* 1897, p. 385.

l'extinction de ces parts de fondateur serait d'en effectuer le rachat par la société au moyen de sommes prélevées sur le fonds de réserve.

### § III. — Déclaration constatant la souscription et le versement.

Une déclaration notariée constatant la souscription intégrale et le versement du quart est exigée par la loi de 1867 lors de la constitution de la société. Elle doit l'être également pour l'augmentation du capital.

Elle est faite par le gérant dans les sociétés en commandite, par les administrateurs (qui remplacent ici les fondateurs) dans les sociétés anonymes.

L'acte qui remplace ici l'acte de société dont l'annexe est prescrite à la déclaration de souscription par l'article 1er, alinéa 5, de la loi de 1867, est, comme le fait remarquer M. Wahl (1), la délibération de l'assemblée générale autorisant la nouvelle émission : « Ce ne peut être l'acte de société qui soit annexé à la déclaration des administrateurs. D'abord, on peut dire que les originaux de cet acte, s'il est sous seing privé, ont été tous utilisés conformément à l'article 1er, lors de la constitution de la société, et

(1) Wahl, loc. cit., n° 52.

qu'il n'en reste plus un double qui puisse être annexé à la déclaration des administrateurs; en outre, par cela même que les tiers peuvent connaître l'acte de société en se reportant à la déclaration et aux publications faites lors de la constitution de société, on ne voit pas l'utilité qu'il y aurait à mettre un nouvel exemplaire de l'acte à leur portée. Enfin — et cela surtout est important — cet acte ne leur donnerait, en général, aucune indication sur l'augmentation du capital.

Si l'augmentation du capital est faite par les administrateurs, en exécution d'une clause des statuts, c'est un extrait des statuts qu'il faut annexer, ainsi que la délibération des administrateurs.

Si elle est faite par l'assemblée générale, en vertu d'une décision spéciale des statuts, il faut annexer l'extrait des statuts et la délibération de l'assemblée générale.

Si enfin l'augmentation du capital a pour effet de créer une société nouvelle, il faut rédiger un nouvel acte social, et c'est cet acte dont on fera l'annexe à la déclaration de souscription.

## § IV. — Vérification de la déclaration notariée.

Si la société est en commandite, la vérification de la déclaration notariée est faite par le conseil de surveillance, par application de l'article 6 de la loi du 24 juillet 1867.

Si la société est anonyme, cette déclaration notariée doit être soumise avec les pièces annexées à l'assemblée générale des actionnaires qui en vérifie la sincérité (art. 27).

Ces deux formalités exigées lors de la constitution des sociétés par actions doivent, comme celles dont nous avons parlé sous les paragraphes précédents, être étendues à l'augmentation du capital et pour les mêmes motifs.

Mais l'application de l'article 27 spécial aux sociétés anonymes est assez délicate : faudra-t-il en effet convoquer à l'assemblée générale chargée de la vérification de la déclaration notariée, les actionnaires anciens et les actionnaires nouveaux indistinctement, ou seulement les actionnaires nouveaux ?

Selon nous, la solution de la question est la même soit que l'augmentation du capital ait pour effet de créer une société nouvelle, soit qu'elle n'ait pas cet effet, et nous exigerons dans l'un et l'autre cas le concours de tous les actionnaires indistinctement pour faire cette vérification.

Si l'on se trouve dans le cas où l'augmentation du capital a pour effet de créer une société nouvelle, la situation est la même que s'il s'agissait de la constitution de la société, et notre solution n'est que l'application pure et simple de l'article 27.

Si l'on se trouve dans le cas où l'augmentation du capital n'a pas cet effet notre solution conserve sa raison d'être :

Comme nous le verrons, en effet, plus loin, notre opinion, peu partagée d'ailleurs, est que dans ce cas l'augmentation du capital équivaut à une nouvelle constitution partielle de la société. Cette constitution partielle a lieu sans doute entre les nouveaux souscripteurs seulement, mais il n'en est pas moins vrai que la collectivité de ces souscripteurs en même temps qu'elle reçoit son existence, fusionne avec la collectivité des associés qui constituait la société originaire : elle ne constitue pas un organisme distinct ayant un siège, un objet, des éléments d'administration différents de la collectivité à laquelle elle se rattache : la fusion de ces deux collectivités constitue un tout désormais indivisible : il se produit une véritable confusion des deux patrimoines au même titre qu'entre le patrimoine d'un défunt et celui de son héritier pur et simple. Il s'ensuit que les droits de chacun des actionnaires anciens et nouveaux porteront désormais indistinctement sur le fonds social tout entier, et que lors de la dissolution de la société et de la répartition de l'actif social il pourra très bien se faire que la part d'un actionnaire nouveau soit composée de biens qui composaient le patrimoine social avant l'augmentation du capital, et qu'à l'inverse la part d'un actionnaire ancien soit composée de biens qui ne sont entrés dans ce patrimoine que postérieurement à cette augmentation.

On conçoit donc que les actionnaires anciens aient un intérêt sérieux à ce que les formalités et conditions dont la loi entoure la formation de cette collectivité d'actionnaires nouveaux qui viendront concourir avec eux, actionnaires anciens, lors du partage du fonds social, aient été régulièrement remplies.

Si en effet cet intérêt apparaît moins clairement quand la liquidation de la société se solde par un actif à partager, il est évident, lorsque cette liquidation se solde par un passif : les actionnaires nouveaux n'hésiteront pas dans ce cas à faire valoir la nullité de l'augmentation de capital pour défaut d'accomplissement des formalités légales afin de se dispenser de libérer leurs actions, ou pour actionner même au besoin le liquidateur en répétition de leurs versements déjà effectués, et laisser par conséquent tout ce passif, que certains d'entre eux comme administrateurs, auront peut-être contribué à créer, à la charge unique des anciens actionnaires.

A ce titre, il est vrai de dire que les anciens actionnaires ont un intérêt égal quoique contraire à celui des nouveaux actionnaires, pour faire partie de l'assemblée générale chargée de la vérification de la déclaration notariée.

### § V. — Appréciation des nouveaux apports.

Lorsque les nouveaux actionnaires font des apports en nature pour qu'en échange il leur soit attribué des actions, ou lorsque, également en échange d'actions à créer, une société en liquidation fusionne avec une autre société en lui apportant son actif net, ces apports doivent faire l'objet d'une vérification.

L'article 4 de la loi de 1867 dispose pour les sociétés en commandite, qu'une première assemblée fait apprécier la valeur de l'apport, et la société n'est définitivement constituée qu'après l'approbation de cet apport faite par une deuxième assemblée, qui ne peut statuer sur cette approbation qu'après un rapport imprimé, et tenu à la disposition des actionnaires cinq jours au moins avant la réunion de cette assemblée.

Les délibérations sont prises à la majorité des actionnaires présents. Cette majorité doit comprendre le quart des actionnaires, et représenter le quart du capital social en numéraire.

Les associés qui ont fait l'apport n'ont pas voix délibérative. A défaut d'approbation la société reste sans effet à l'égard de toutes les parties.

Les dispositions de cet article relatives à la vérification de l'apport qui ne consiste pas en numéraire, ne sont pas applicables au cas où la société à laquelle est fait ledit apport, est formée entre ceux seulement qui en étaient propriétaires par indivis.

Pour les sociétés anonymes, l'article 27 dispose que :

Dans les assemblées générales chargées de vérifier les apports, tout actionnaire peut prendre part aux délibérations avec le nombre de voix déterminé par les statuts sans qu'il puisse être supérieur à 10.

Et l'article 30 ajoute :

Les assemblées qui ont à délibérer sur la vérification des apports... doivent être composées d'un nombre d'actionnaires représentant la moitié au moins du capital social.

Le capital social, dont la moitié doit être représentée pour la vérification de l'apport, se compose seulement des apports non soumis à vérification. Si l'assemblée générale ne réunit pas un nombre d'actionnaires représentant la moitié du capital social, elle ne peut prendre qu'une délibération provisoire. Dans ce cas une nouvelle assemblée générale est convoquée. Deux avis publiés à huit jours d'intervalle, au moins un mois à l'avance, dans l'un des journaux désignés pour recevoir les annonces légales, font connaître aux actionnaires les résolutions provisoires adoptées par la première assemblée, et ces résolutions deviennent définitives si elles sont approuvées par la nouvelle assemblée composée d'un nombre d'actionnaires représentant le cinquième au moins du capital social.

Ces deux articles sont également applicables au cas d'augmentation de capital.

Cela ne présente pas de difficultés, si cette augmentation entraîne la création d'une société nouvelle : il suffit alors d'en faire l'application pure et simple.

Dans le cas contraire, il faut distinguer selon que :

1° Le capital d'augmentation comprend à la fois des apports en nature et des apports en numéraire ;

2° Ce capital ne comprend que des apports en nature.

Dans le deuxième cas, celui où le capital d'augmentation ne comprend que des apports en nature, il semble que les termes de l'article 30 *in fine* soient tels qu'il n'y ait pas lieu à la vérification des apports.

Pourtant dans l'une et l'autre hypothèse, il y a des personnes qui sont intéressées à ce que les apports ne soient pas majorés : ce sont les anciens actionnaires.

Selon nous, ces anciens actionnaires doivent être présents à l'assemblée générale, sans qu'il y ait à distinguer selon que le capital originaire était ou non représenté uniquement par des apports en nature.

Si le capital primitif et le capital d'augmentation sont constitués uniquement au moyen d'apports en nature, on pourrait dire que l'on se trouve dans l'hypothèse prévue par l'article 4 de la loi de 1867 *in fine*, et que dès lors il n'y aurait pas lieu à approbation, tous les associés effectuant des apports en nature ; mais ce serait inexact selon nous, car lors de la constitution de la société le contrat de société est formé entre les apporteurs en nature et par eux seuls en sorte qu'il serait inutile de réunir une assemblée générale qui ne comprendrait qu'eux (1).

Mais lorsqu'il s'agit d'une augmentation du capital la situation n'est plus exactement la même : les anciens actionnaires ont en effet intérêt à connaître la véritable valeur de l'apport fait par les nouveaux actionnaires, et ils se trouvent vis-à-vis de ceux-ci dans une situation analogue à celle de souscripteurs d'actions en numéraire en présence d'actionnaires ayant fait des apports en nature.

Dans tous les cas où les associés nouveaux font des apports en nature, ils n'ont pas voix délibérative dans l'assemblée chargée de l'approbation.

Si la société est anonyme, les deux assemblées générales prescrites par l'article 30 devront com-

(1) La jurisprudence est constante pour décider que l'article 4 in fine a son application même lorsque les apporteurs en nature effectuent à la société des apports divis. Mais, avec la majorité des auteurs, nous repoussons cette interprétation de cet article qui va manifestement à l'encontre du texte, lequel ne parle que d'apports indivis. D'ailleurs au cas d'apports divis, chacun des apporteurs, s'il est conscient de la valeur de son propre apport, est ignorant la plupart du temps de la valeur de celui de son voisin, et la raison qui a fait édicter la nécessité de la vérification des apports demeure entière dans ce cas.

prendre un nombre d'actionnaires représentant la moitié au moins du capital en numéraire tant ancien que nouveau, et, s'il n'y a pas de capital en numéraire, la moitié au moins du capital d'avant l'augmentation.

Si la société est en commandite, les délibérations seront prises à la majorité, qui comprendra le quart des actionnaires représentant le quart du capital social en numéraire tant ancien que nouveau, et, s'il n'y a pas de capital en numéraire le quart des actionnaires et du capital d'avant l'augmentation.

Si l'apport nouveau est fait par une société en liquidation, et si des actionnaires de la société à laquelle est fait cet apport sont aussi actionnaires de la société en liquidation, il nous semble que ces actionnaires ne peuvent prendre part au vote sur l'approbation de l'apport, car bien que ce soit le liquidateur qui fasse l'apport, les actionnaires ont des intérêts opposés dans les deux sociétés : l'apport étant fait dans leur intérêt ils ne peuvent voter sur son appréciation.

### § VI. — **Appréciation du bilan de la société.**

Plusieurs auteurs (1) et plusieurs décisions impor-

(1) Tonnellier, *Des apports en nature dans les soc. par act.*, p. 24. Wahl, loc. cit., p. 59.

tantes de la jurisprudence (1), décident qu'outre les apports en nature effectués par les nouveaux actionnaires, l'actif et le passif de la société au jour de l'augmentation du capital, autrement dit que le bilan, doit faire l'objet d'une appréciation par les deux assemblées générales chargées de la vérification des apports.

Dans ce sens M. Wahl raisonne ainsi (2) :

« S'il n'y a pas toujours un apport au moment où une société se fonde, il y en a toujours un quand elle augmente son capital ; l'apport consiste dans l'actif actuel de la société : cet actif est considéré comme un apport vis-à-vis des nouveaux actionnaires, et ce sont les anciens actionnaires qui l'opèrent ; suivant le taux de l'émission nouvelle une valeur plus ou moins grande est attribuée implicitement à l'actif de la société : si les actions sont émises au même taux que les actions anciennes, c'est que les actions anciennes sont considérées comme ayant gardé toute leur valeur, et l'actif social comme étant équivalent au montant nominal des actions anciennes. Si les actions sont émises à un chiffre supérieur, c'est que la valeur des actions anciennes est réputée

(1) Trib. civ. de Lille, 15 juin 1885, *R. S.* 1885, p. 552 ; Seine, 25 février 1889, *Gaz. des Trib.*, 16 mars 1889 ; Trib. com. Seine, 14 septembre 1883, *R. S.* 1883, p. 746 ; Trib. com. Seine, 29 juin 1887 ; Paris, 20 juin 1891, Cass. civ. 19 octobre 1892, S. 93. 1. 89. (Ces trois dernières décisions rendues dans l'affaire de la Société financière de Paris.)

(2) Wahl, loc. cit., n° 59,

avoir augmenté depuis la constitution de la société. Si enfin une faveur quelconque est faite aux nouveaux actionnaires, c'est qu'on leur avoue implicitement une situation obérée et l'existence soit d'une crise subie par la société, soit d'un passif supérieur à l'actif.

Ces prétentions ou ces aveux implicites ont besoin d'être examinés par les nouveaux actionnaires : l'article 4 s'applique alors parce que la situation des actionnaires nouveaux vis-à-vis des anciens est la répétition de la situation qu'avaient ces derniers vis-à-vis des fondateurs, lors de la constitution de la société ; et l'application générale des textes de la loi à l'augmentation du capital une fois démontrée, les formalités de l'article 4 doivent être sans difficultés reproduites lors de cette augmentation. »

Et plus loin (1) :

« De nouveaux actionnaires sont sollicités d'entrer dans la société ; ils trouvent en face d'eux une société fonctionnant déjà depuis un temps plus ou moins considérable, propriétaire d'un actif, grevée d'un passif. De fondateurs il n'en est plus question : l'existence de fondateurs suppose une société en formation, et ici elle a depuis longtemps commencé son existence : d'apport proprement dit, il n'est pas question davantage, car les apports eux aussi supposent une formation de société... Ce n'est pas à

(1) Wahl, loc. cit., n° 60.

dire que la situation ne soit tout à fait analogue à celle qui se produit lors de la formation de la société; seulement, ce qui constitue l'apport, c'est le patrimoine de la société qui s'adjoint des actionnaires nouveaux : d'où cette double conséquence que les apporteurs sont les anciens actionnaires, et que l'apport est fait aux nouveaux actionnaires. »

L'argumentation de M. Wahl nous paraît inexacte :

Il établit une corrélation implicite entre le taux de l'émission (ce terme d'abord est impropre car il entend par là le taux des actions nouvelles) et la valeur *de l'actif* de la société avant l'augmentation du capital.

Il en conclut que :

1° Si les actions nouvelles sont émises au même taux que les anciennes, c'est que les actions anciennes sont considérées comme ayant conservé toute leur valeur, et l'actif social ancien comme équivalent au montant nominal des actions anciennes ;

2° Si elles sont émises à un taux supérieur, c'est que la valeur des actions anciennes est réputée avoir augmenté depuis la constitution de la société ;

3° Si une faveur quelconque est faite aux nouveaux actionnaires, c'est qu'on leur avoue une situation obérée et l'existence d'une crise, ou d'un passif supérieur à l'actif.

Or, supposons une augmentation de capital de 200,000 francs par exemple. Quel est le principe qui empêche de diviser le capital nouveau en actions de 500 ou de 2,000 francs plutôt qu'en actions de 1,000 francs qui était par hypothèse le taux des anciennes actions? Le principe de l'égalité entre actionnaires? Mais il n'est pas sacrifié : les nouvelles actions donneront droit aux dividendes et à la répartition de l'actif social dans la proportion de moitié ou du double des actions anciennes ; mais ce n'est là que justice, puisque, selon les cas, il aura été versé par chacun des nouveaux actionnaires, un capital moitié moindre ou double de celui versé par les anciens actionnaires ; d'ailleurs, que ce capital nouveau soit souscrit par 400 ou 100 actionnaires, peu importe : ce sera toujours d'un capital de 200,000 francs dont il faudra tenir compte pour la répartition des dividendes, et du fonds social lors de la liquidation.

Dès lors, quelle relation peut-il y avoir entre la valeur de l'actif social antérieur à l'augmentation du capital, et la division purement arbitraire de ce capital entre les nouveaux actionnaires? C'est une énigme. Il ne peut y avoir de relation qu'entre les actions nouvelles et le capital nouveau qu'elles représentent.

Les corollaires que M. Wahl pose à son principe participent de cette inexactitude :

Qu'est-ce qui prouve, parce que les actions nouvelles sont émises au même taux que les anciennes, que l'actif social soit resté égal au montant nominal des actions anciennes? Il est possible que cet actif ait décuplé de valeur. Le contraire l'est également. En raisonnant ainsi, il faudrait dire que lorsque l'augmentation du capital est faite parce que la société fait de mauvaises affaires, les actions nouvelles doivent être émises à un taux inférieur aux anciennes, puisque l'actif réel ne correspond plus au taux nominal des anciennes actions. Ce résultat serait bizarre.

Qu'est-ce qui prouve encore que si les actions sont émises à un chiffre supérieur aux anciennes, c'est que la valeur des actions anciennes est réputée avoir augmenté depuis la constitution de la société ? Absolument rien.

Enfin, le fait d'accorder des avantages aux nouveaux actionnaires n'est pas nécessairement un aveu d'une situation obérée, et si d'ailleurs les nouveaux actionnaires ont des doutes sur cette situation, n'ont-ils pas le moyen de consulter le bilan annuel ?

Toutes ces inexactitudes proviennent, à notre avis, de la confusion qui est faite entre le capital et l'actif social, qui sont deux choses toutes différentes et indépendantes l'une de l'autre (1).

De ce que, selon nous, les actions nouvelles peuvent être émises à n'importe quel taux, il résulte que le choix de tel taux plutôt que de tel autre, n'en-

(1) Le capital est, au contraire, un véritable passif social, et il figure sous cette rubrique dans tous les bilans.

traîne, contrairement à l'opinion de M. Wahl, ni prétention ni aveu implicite de la part des anciens actionnaires relativement à la valeur de l'actif actuel de la société.

Nous irons même plus loin et nous allons essayer de démontrer que l'actif actuel de la société ne constitue pas un apport vis-à-vis des nouveaux actionnaires :

Analysons en effet de plus près l'augmentation du capital :

Une société déjà constituée et fonctionnant régulièrement, ayant un actif et un passif, c'est-à-dire un patrimoine, offre à des tiers le droit de devenir associés, c'est-à-dire de prendre leur part des bénéfices et des pertes communes, à condition de lui apporter un certain capital, soit en nature, soit en espèces, de 200,000 francs par hypothèse.

Comment peut s'analyser l'opération ?

Ces tiers ainsi sollicités vont avoir à mettre en commun entre eux d'abord une somme de 200,000 francs, ou des apports en nature, ou leur industrie représentatifs de tout ou partie de cette somme. Ce qui le prouve bien c'est que si ce capital de 200,000 francs n'est pas entièrement souscrit ou représenté, les souscriptions partielles ne donneront nullement à ceux qui les auront faites l'entrée dans la société constituée.

Quel est le but de ces tiers ? C'est de réaliser des

bénéfices pécuniaires à se partager entre eux au moyen d'opérations faites sur ce fond commun.

Ces tiers auraient pu mettre en commun, pour le même objet que la société antérieurement constituée, et en dehors de cette société, ce capital de 200,000 francs, indépendamment de toute sollicitation par elle. Mais, si nous osons ainsi parler, ce capital nouveau-né aurait eu à faire ses preuves entre leurs mains ; ils peuvent légitimement penser qu'il trouvera un emploi plus rémunérateur entre les mains de personnes déjà expérimentées, à la tête d'un capital qui a la même affectation, et auxquelles l'extension des moyens d'action procurera l'occasion de créer des affaires nouvelles au plus grand profit de l'intérêt commun. Ils ont donc, indépendamment du but immédiat qui est de réaliser des bénéfices, un arrière but qui est de réaliser, par l'apport à la société déjà constituée des fonds qu'ils viennent de mettre en commun, des bénéfices plus considérables que ceux auxquels ils auraient pu prétendre par l'emploi isolé de leur capital de 200,000 francs.

Enfin il est clair que ces tiers ont manifestement l'*affectio societatis*. Cela résulte du fait même de leur souscription.

Il y a donc là tous les éléments d'une véritable société qui se forme entre les nouveaux souscripteurs : mais cette société se distingue par ceci de particulier qu'elle est fondée, indépendamment du but ordinaire de réaliser des bénéfices, dans le but spécial de réaliser ces bénéfices au moyen de l'apport du capital nouveau à une société préexistante. Ce but spécial est la raison d'être de cette société particulière, il en est un élément essentiel.

Nous ajoutons que la réalisation de ce but doit être concomitante avec la naissance même de cette société, en sorte que l'adjonction du capital nouveau au capital de la société préexistante, a lieu à l'instant même où sont réunies les conditions essentielles à l'existence de la société partielle composée des actionnaires nouveaux. Il en résulte que cette société n'a pas de vie propre : elle est née dans le but particulier de faire un apport ; aussitôt née, elle est absorbée par la société préexistante, qui est à la fois sa raison d'être et sa fin.

Cependant cet apport n'a pas pour effet d'entraîner la constitution d'une société nouvelle pour le tout : la société ancienne subsiste dans son état primitif et avec ses éléments primitifs dont un seul a été modifié : le capital.

Tout ceci pour prouver que ce sont les nouveaux souscripteurs qui font un apport à la société déjà constituée, et non pas la société déjà constituée qui fait un apport de son actif social aux nouveaux souscripteurs. La société existante joue un rôle purement passif, et si les actionnaires qui la composent ont voix délibérative à l'assemblée générale, c'est seulement pour vérifier les apports en nature ou les avantages particuliers des souscripteurs nouveaux ; le rôle des anciens actionnaires est purement défensif.

M. Wahl (1) et la jurisprudence (2) prétendent au contraire que la société existante fait un apport aux nouveaux actionnaires de son actif social, et que les nouveaux souscripteurs ont intérêt à apprécier la valeur de l'actif constaté par le dernier bilan. Nous accordons volontiers que les nouveaux actionnaires ont un intérêt à connaître la valeur actuelle de l'actif de la société, car si l'actif est actuellement déjà inférieur au capital nominal ancien, il y a des chances pour que lors de la liquidation cet actif se trouve insuffisant, et que chaque actionnaire ne rentre pas intégralement dans sa mise. Mais il ne faut pas perdre de vue le point que nous signalions plus haut : les fonds mis en commun par les nouveaux actionnaires l'ont été en vue d'en faire l'apport à une société préexistante. Cette opération entraîne des risques : les actionnaires qui l'opèrent font en bloc une bonne ou une mauvaise affaire ; si l'actif figurant au bilan a une valeur supérieure au montant de l'ancien capital nominal, la part des actionnaires sera plus forte. Elle sera moindre dans le cas contraire.

Supposons d'ailleurs un instant que l'on puisse

(1) Wahl, loc. cit., nº 59 et s.

(2) Cass. Req., 19 octobre 1892, S. 93. 1. 89. D. 92. 1. 595.

considérer l'actif actuel comme faisant l'objet d'un apport par les anciens actionnaires. D'après M. Wahl les anciens actionnaires n'auront pas voix délibérative à l'assemblée générale, car ce sont bien des associés faisant un apport en nature (ce n'est là que l'application de l'art. 4 de la loi de 1867, que la jurisprudence en décidant le contraire, méconnaît). L'appréciation du bilan aura donc lieu seulement par les actionnaires nouveaux. Si l'actif net constaté au bilan a une valeur inférieure au montant de l'ancien capital nominal, les nouveaux actionnaires voteront à la majorité la réduction de cet ancien capital pour le mettre d'accord avec cet actif. C'est la seule sanction que ces nouveaux actionnaires puissent avoir ; et si, par hypothèse, il s'agit d'une société anonyme au capital de trois millions, par exemple, composée de 6,000 actionnaires, qui augmente son capital de 200,000 francs réparti entre 400 actionnaires, 200 de ces actionnaires nouveaux suffiront pour composer les assemblées générales, et il suffira du vote de 101 actionnaires pour imposer aux 6,000 actionnaires anciens une réduction de capital, qui sans cette augmentation de capital n'aurait pu être décidée que par le vote d'une majorité d'entre eux représentant le quart au moins du capital social, soit dans notre hypothèse 1,500 actionnaires. Ce résultat est inadmissible.

Nous reconnaissons que les anciens actionnaires (et

ceci est fréquent dans la pratique) peuvent se faire attribuer des avantages particuliers (primes payées par les actions nouvelles, parts de fondateurs, etc.), lors de l'augmentation du capital, et que l'on pourrait considérer ces avantages particuliers comme étant le prix de l'excédent de la valeur de l'actif actuel constaté au bilan sur le montant du capital nominal ancien, autrement dit comme la rémunération de l'apport que font les anciens actionnaires aux nouveaux, au dire de nos adversaires ; mais nous verrons sous le paragraphe suivant que l'on peut aussi attribuer à ces avantages particuliers un tout autre caractère.

— Nos adversaires ne s'entendent pas sur les conséquences du principe qu'ils posent :

M. Wahl conclut du fait qu'il y a apport par les anciens actionnaires, que ceux-ci n'ont pas à être convoqués aux assemblées générales qui ont à apprécier le bilan.

La jurisprudence les admet au contraire à ces assemblées générales.

Si nous admettions que ces actionnaires font un apport, nous serions de l'avis de M. Wahl et nous leur refuserions le droit de voter sur cet apport, autrement dit, sur le bilan. Les raisons qui, lors de la constitution des sociétés par actions, font écarter des délibérations des assemblées générales appelées à vérifier les apports, ceux qui sont les auteurs de ces apports s'appliqueraient ici encore en entier : on ne pourrait à la fois leur attribuer le rôle de juges et de parties.

Il faudrait ajouter, comme le dit M. Wahl, que l'idée dont est partie la loi est que les personnes qui peuvent craindre un préjudice doivent seules faire partie de l'assemblée générale appelée, par sa délibération, à éviter ce préjudice : or ici les anciens actionnaires ne pourraient souffrir aucun préjudice, puisque les assemblées générales périodiques et extraordinaires auxquelles ils ont été convoqués, et les moyens de contrôle que la loi met à leur disposition leur ont permis d'apprécier constamment les fluctuations du patrimoine de la société (1).

Enfin l'intérêt des anciens actionnaires étant que l'actif actuel reçoive la plus forte appréciation possible, si ces anciens actionnaires faisaient partie de ces assemblées générales, ils auraient ainsi le moyen de peser sur la minorité pour faire attribuer une valeur excessive à cet actif actuel, et ils approuveraient des propositions qu'ils auraient faites eux-mêmes.

(1) Cet argument ne nous paraîtrait pas absolument topique car les anciens actionnaires pourraient, nous semble-t-il, subir un préjudice par suite de leur exclusion de l'assemblée générale : en effet, les nouveaux actionnaires n'ayant pas d'autres contradicteurs que les administrateurs, qui n'ont pas le moyen de voter pour sanctionner leur contradiction, pourraient être tentés d'estimer l'actif ancien bien au-dessous de sa valeur réelle.

— Le seul argument d'équité qu'invoque la théorie contraire adoptée par la Cour de Cassation, est que « tous les actionnaires, anciens et nouveaux, ont un intérêt égal et commun à contrôler la sincérité de la déclaration. »

En ce qui concerne la déclaration de souscription, nous reconnaîtrions volontiers ainsi que nous l'avons dit sous le paragraphe 4 que les anciens actionnaires ont un intérêt à contrôler la sincérité de cette déclaration, et même à apprécier les apports faits par les nouveaux actionnaires. Mais nous venons de voir au contraire, qu'au cas où l'on admettrait qu'ils font l'apport aux nouveaux actionnaires de l'actif actuel, les anciens actionnaires ont un intérêt opposé et supérieur à celui des nouveaux dans l'appréciation de cet apport, et qui consiste à le majorer : cela suffirait pour leur ôter le droit de voter sur cet apport.

Le seul argument de texte invoqué par la Cour de Cassation est l'article 27 de la loi de 1867 qui dispose que *tout* actionnaire peut prendre part aux délibérations avec le nombre de voix déterminé par les statuts. Mais il est bien facile de voir que cet article n'a pas prévu la question qui nous occupe : le texte est celui-ci : « Tout actionnaire, quel que soit le nombre des actions dont il est porteur... » Cela n'a eu pour but que d'indiquer que pour les actionnaires autres que ceux que leur qualité de fondateurs ou d'apporteurs en nature fait exclure des assemblées, le fait de ne posséder qu'une action n'est pas une cause d'exclusion.

M. Wahl ajoute ceci (1) :

« La Cour de Cassation mentionne elle-même dans ses considérants une restriction que les textes lui imposent, et dont l'application suppose incontestablement le rejet de l'opinion qu'elle a elle-même adoptée : cette restriction est celle de l'article 4 ; d'après l'article 24 de la loi de 1867, l'article 4 de la même loi relatif aux sociétés en commandite par actions est applicable aux sociétés anonymes. Or d'après l'article 4 : « les associés qui ont fait l'apport ou stipulé des avantages particuliers soumis à l'appréciation de l'assemblée n'ont pas voix délibérative ». Il faut donc admettre, de l'aveu même de la Cour de Cassation, que certaines personnes doivent en cas d'augmentation du capital, être exclues de l'assemblée générale appelée à délibérer sur la valeur du patrimoine social. Si ces personnes ne sont pas les actionnaires primitifs, où les chercher ? L'arrêt nous répond qu'en cas d'augmentation du capital social « le rôle de fondateur est rempli par le conseil d'administration ». Est-ce donc que le conseil d'administration est en qualité de fondateur, exclu de l'assemblée générale ? »

(1) Wahl, loc. cit, p. 59.

Il nous semble que l'on peut cependant trouver des personnes autres que les anciens actionnaires ou le conseil d'administration auxquelles l'article 4 soit applicable : ce sont les nouveaux actionnaires qui font des apports en nature, ou qui stipulent à leur profit des avantages particuliers.

Cependant il faut reconnaître que dans l'espèce proposée à la Cour suprême il ne paraît pas avoir été question d'apports de ce genre, en sorte que dans l'esprit de l'arrêt, l'application de l'article 4 était faite en réalité aux anciens actionnaires considérés comme apporteurs.

Cette qualité d'apporteurs leur est d'ailleurs formellement reconnue par M. le conseiller rapporteur.

Enfin, une dernière contradiction que relève M. Wahl à la charge du conseiller rapporteur est celle-ci ; dans ses considérants il fait une distinction entre les sociétés en commandite et les sociétés anonymes pour exclure des assemblées générales quand la société est anonyme, les actionnaires anciens. Comment pareille distinction peut-elle se justifier? L'article 4 de la loi du 24 juillet 1867 est rendu applicable aux sociétés anonymes par l'article 4 de la même loi et au point de vue rationnel aucune considération ne peut justifier une pareille distinction.

— Pour nous résumer sur toute cette longue controverse, notre opinion est que les anciens actionnaires ne doivent pas être considérés comme des apporteurs aux regards des nouveaux actionnaires, et que les assemblées générales réunies pour la validité de l'augmentation du capital n'ont pas à apprécier la valeur de l'actif actuel, autrement dit le bilan.

Certains auteurs et la jurisprudence sont d'un avis contraire ; mais tandis que ces auteurs (M. Wahl notamment) refusent aux actionnaires anciens le droit de voter sur l'actif dont ils font l'apport, conformément à l'article 4 de la loi de 1867, la jurisprudence de la Cour de Cassation leur accorde ce droit sans appuyer d'ailleurs sa solution d'aucun argument qui lui donne une autorité réelle.

A titre de conclusion nous signalerons que cette jurisprudence relativement récente, sera dans l'avenir, si elle ne se modifie, l'occasion de procès, d'actions en nullité et en responsabilité multiples, car jusqu'à présent, d'après la pratique courante, les actionnaires nouveaux avaient seuls voix délibérative dans ces assemblées générales. Cette conséquence est fâcheuse surtout si l'on considère que l'arrêt qui en est la cause ne paraît pas avoir été motivé d'une manière rigoureusement juridique.

— Il nous reste à traiter ici la question suivante : Les actionnaires anciens qui auront souscrit des actions nouvelles auront-ils le droit de voter dans les deux assemblées qui statuent sur les apports ?

Oui, dans notre solution, car n'ayant pas la qualité d'apporteurs, il n'y a pas de raison de les distinguer des actionnaires nouveaux.

Dans l'opinion contraire, on se heurte à une difficulté :

L'article 4, alinéa 3 de la loi de 1867 décide que les associés qui ont fait l'apport ou stipulé des avantages particuliers soumis à l'appréciation de l'assemblée, n'ont pas voix délibérative.

Et l'article 30 : que le capital social dont la moitié doit être représentée pour la vérification de l'apport se compose seulement des apports non soumis à vérification.

Les seuls actionnaires qu'il faudra compter (du moins dans la théorie de nos adversaires) sont donc les souscripteurs d'actions nouvelles autres que les anciens actionnaires.

L'article 31 permet bien, si le quorum de l'article 30 n'est pas atteint, de convoquer une nouvelle assemblée qui statuera, si les souscripteurs présents représentent le cinquième du capital. Mais il peut se faire que les actionnaires anciens aient souscrit plus des quatre cinquièmes des actions nouvelles. Dans ce cas, l'augmentation du capital serait impossible si ces actionnaires anciens ne peuvent prendre part au vote ; car l'opinion générale est que pour le calcul de la majorité il faut faire la masse des actions nouvelles sans en distraire celles qui auraient été souscrites par des actionnaires anciens, la situation étant ici la même que quand, lors de la constitution de la société les fondateurs ont souscrit des actions en numéraire : la jurisprudence (1) décide en effet, ainsi que les auteurs (2), que la constitution de la société est impossible si les actions en numéraire ne représentent pas au moins le cinquième du capital social.

M. Wahl trouve cette conséquence fâcheuse, et il ne tient pas compte des actions souscrites par les actionnaires anciens, pour le calcul de la majorité.

A l'appui de son opinion :

1° Il cite un arrêt de la Cour de Cassation dont les termes sont formels (3) ;

2° Il constate que si une partie des actions nouvelles se trouve entre les mains des actionnaires anciens, le sort du vote sera influencé si l'on donne à ces actionnaires voix délibérative ;

3° Il cite un argument de textes ; les articles 4 et 30 ne prévoient pas le cas où les apporteurs sont possesseurs d'actions : la preuve en est dans l'article 4 : « Les délibérations sont prises par la majorité des actionnaires présents. » Sans aucun doute, dit-il, les apporteurs n'y sont pas compris puisqu'ils ne délibèrent pas. Cependant il reconnait que l'ar-

(1) Seine, 8 juin 1891. — *Le Droit*, 14 juin 1891.

(2) Lyon-Caen, loc. cit., n° 716.

(3) Cass. 26 avril 1880. S. 81, 1, 15.

ticle 4 s'exprime en des termes qui littéralement interprétés donneraient raison à l'opinion contraire ;

4° Il relève une contradiction de l'opinion contraire, dans le fait qu'elle admet que, si les anciens actionnaires sont propriétaires d'actions nouvelles représentant plus de la moitié du capital d'augmentation, la convocation de l'assemblée générale est encore impossible, mais que néanmoins l'augmentation du capital est valable.

Tous ces arguments sont des plus sérieux, et nous les ferions nôtres si nous n'avions adopté un point de départ différent de celui de M. Wahl.

— Si les nouvelles actions sont toutes entre les mains des anciens actionnaires, faudra-t-il cependant tenir les deux assemblées générales prescrites ?

Dans notre opinion, comme les actionnaires anciens ne font aucun apport aux nouveaux, la deuxième assemblée n'est pas nécessaire.

On arrive d'ailleurs à la même solution dans l'opinion contraire, en disant que cette deuxième assemblée ne peut être tenue puisqu'il n'existe aucun actionnaire nouveau qui puisse y être convoqué, et l'on argumente par analogie de l'article 4, alinéa 8, qui décide que l'assemblée générale ne peut avoir lieu quand la société se forme entre propriétaires indivis d'un objet. Il nous semble cependant qu'il n'y a pas une analogie absolue : les anciens actionnaires seraient en effet (si l'on admet qu'ils font un apport) propriétaires de cet apport : mais cette observation n'a qu'un intérêt théorique, la jurisprudence assimilant ainsi que nous l'avons déjà dit, les propriétaires divis d'apports aux propriétaires indivis.

## § VII. — Avantages particuliers.

Des avantages particuliers peuvent être stipulés en cas d'augmentation du capital. Ils peuvent l'être soit au profit des nouveaux actionnaires, soit au profit des anciens.

Ils ont, selon nous un caractère différent dans l'un ou l'autre de ces cas :

S'ils sont stipulés au profit des nouveaux actionnaires, c'est généralement en échange d'un apport en nature ou de services particuliers : ce sont soit des actions, soit des parts bénéficiaires analogues aux parts des fondateurs.

S'ils sont stipulés au profit des anciens actionnaires, leur caractère est un peu différent : ce n'est pas, comme on pourrait le croire, en échange de l'apport de l'actif social actuel, que les actionnaires anciens font aux nouveaux, que ces avantages leur sont accordés. Nous avons vu sous le paragraphe précédent qu'un tel apport n'existe pas. Selon nous, ces avantages (attribution de parts bénéficiaires, attribution aux anciens actionnaires des primes versées par les nouveaux actionnaires en sus du prix de leurs actions) constituent un véritable *droit d'entrée* que les anciens actionnaires prélèvent sur les nouveaux. Ceux-ci, s'il s'agit d'une prime, doivent l'acquitter *in limine societatis*, sauf à en obtenir ensuite la réduction lors de l'assemblée générale, si elle leur paraît hors de proportion avec l'avantage qu'il y a pour eux à faire partie de la société.

Très fréquemment dans la pratique le montant des primes, au lieu d'être réparti entre les anciens actionnaires, est versé au fonds de réserve : or si ces primes avaient le caractère de rémunération d'apports que certains veulent y voir elles devraient toujours être exclusivement réservées aux anciens actionnaires pour être réparties entre eux. Par leur affectation au fonds de réserve au contraire, il se trouvera que lors de la répartition de ce fonds les nouveaux actionnaires viendront au marc le franc avec les anciens, et se partageront avec eux le prix d'un apport auquel ils n'auront pas contribué.

C'est d'ailleurs bien le caractère que nous indiquons, que l'on reconnaît en pratique aux primes : voici à titre d'exemple ce que dit d'une manière particulièrement formelle, le membre du conseil d'administration de la compagnie Thomson-Houston chargé du rapport à l'assemblée générale extraordinaire du

22 octobre 1898, qui avait à voter l'augmentation du capital (1) :

« La situation excellente de notre société nous permet de fixer le prix d'émission de chacune des 30,000 actions nouvelles à mille francs, savoir :

500 francs, montant nominal du titre,

500 francs, montant de la prime par titre.

Nous répétons ici ce que nous avons déjà eu l'honneur de vous dire au sujet des primes d'émission : elles ne sont à nos yeux que la *simple équivalence des avantages du droit de participer à une société* en pleine activité d'affaires et en plein crédit comme la nôtre. »

Ce qui est vrai des primes doit l'être également pour les parts bénéficiaires.

Quoiqu'il en soit, il est certain que les actionnaires qui sont titulaires de ces avantages particuliers ne doivent pas être présents aux assemblées générales chargées d'en effectuer la vérification.

— On a voulu voir dans l'attribution aux fondateurs faite par avance dans les statuts, d'actions à créer par la suite en augmentation de capital, une rémunération complémentaire des apports en nature faits par eux lors de la constitution de la société, et pour lesquels ces fondateurs ne se sont pas fait attribuer à l'origine un nombre d'actions suffisant afin

(1) *Economiste Français*, nº du 29 octobre 1898, p. 606.

de ne pas entamer trop lourdement le capital social.

Un arrêt de la Cour de Bordeaux a pensé qu'il n'y avait pas là un apport sujet à approbation par les actionnaires nouveaux sous prétexte que « ce complément d'apport a été reconnu et autorisé par le pacte lui-même. C'est là une erreur, ainsi que le fait remarquer M. Wahl, car si ses actions sont attribuées en représentation d'un complément d'apport, cette attribution doit être subordonnée à l'examen de la valeur de cet apport et cet examen n'a pu être fait que par l'assemblée générale des actionnaires primitifs : or ceux-ci n'avaient pas qualité pour approuver une attribution dont les souscripteurs d'actions nouvelles devaient seuls subir les conséquences. A notre avis une telle promesse d'attribution faite dans les statuts est nulle.

### § VIII. — **Nomination des administrateurs et des commissaires. — Moment auquel l'augmentation du capital devient définitive. — Publication.**

Les administrateurs et les commissaires, s'il s'agit d'une société anonyme, le conseil de surveillance, s'il s'agit d'une société en commandite par actions, demeurent en fonctions toutes les fois que l'augmentation du capital n'entraîne pas la constitution d'une société nouvelle. Il en est autrement dans le cas contraire.

L'augmentation du capital est définitive, si la société est anonyme, après le vote de l'assemblée générale qui vérifie la sincérité de la déclaration de souscription et de versement du nouveau capital en numéraire, ou après l'approbation par la deuxième assemblée générale s'il y a lieu des apports en nature et des avantages particuliers.

Si la société est en commandite, après la déclaration notariée de souscription et de versement s'il n'y a pas d'apports en nature ou d'avantages particuliers, et s'il y en a, après l'approbation de ces apports ou de ces avantages par la deuxième assemblée générale des actionnaires.

La modification du capital doit être publiée de la façon prévue aux articles 55 et suivants de la loi du 24 juillet 1867.

Remarquons seulement à cet égard que l'extrait à publier doit mentionner toutes les modifications inhérentes à l'augmentation du capital et ne doit mentionner qu'elles : si cependant l'augmentation du capital était accompagnée d'autres modifications relativement soit à l'objet, soit au siège par exemple, il faudrait les publier également.

## § IX. — Sanctions des formalités et conditions de l'augmentation du capital social.

### 1. — Nullité de l'augmentation du capital.

La sanction des formalités et conditions que nous venons d'indiquer pour l'augmentation du capital est la nullité.

L'article 7 de la loi de 1867 dit : « Est nulle et de nul effet, à l'égard des intéressés, toute société en commandite par actions constituée contrairement aux prescriptions des articles 1, 2, 3, 4 et 5, de la présente loi. Cette nullité ne peut être opposée aux tiers par les associés. »

Et l'article 41 de la même loi, dit encore : « Est nulle et de nul effet à l'égard des intéressés toute société anonyme pour laquelle n'ont pas été observées les dispositions des articles 22, 23, 24 et 25 ci-dessus. »

Au cas d'augmentation de capital, la nullité de cette augmentation ne porte pas sur la société elle-même, car la société, valablement constituée à l'origine, demeure telle. La jurisprudence en ce sens est constante (1), et les auteurs unanimes (2).

(1) Cass. 21 juillet 1879 (D. 79, 1, 321) ; 11 avril 1881 (D. 81, 1, 433). — Seine, 21 janvier 1889 (*R. S.* 1889, 217) ; 23 juillet 1889 (*Ann. de dr. com.* 1889, 259), et plusieurs autres anté-

Mais en revanche, cette nullité atteint toutes les modifications ultérieures de la société, car les assemblées générales qui votent par la suite ces modifications sont composées d'actionnaires qui n'ont pas le droit d'en faire partie, leur titre étant nul.

Un seul auteur a essayé de soutenir qu'au cas d'inaccomplissement des formalités légales pour l'augmentation du capital, la société elle-même était toute entière frappée de nullité (1). D'après lui, les textes ne distinguent pas : Ils prononcent la nullité de la société elle-même. Cependant il reconnaît que cette nullité n'entraînerait pas celle des actes faits antérieurement par la société.

Il suffit, pour réfuter cette opinion, de remarquer que si les textes ne distinguent pas, c'est qu'ils n'ont pas prévu le cas d'augmentation du capital pas plus que les articles qu'ils visent n'ont prévu l'application à l'augmentation du capital des formalités prescrites pour la constitution des sociétés.

D'ailleurs, pour prononcer la nullité de la société, il faudrait que l'irrégularité fût concomitante à la constitution de la société : or, elle serait postérieure dans notre cas.

rieurs. — Paris, 1er août 1885 (*R. S.* 1885, 680) ; 28 décembre 1891 (*R. S.* 1892, 235) ; 12 avril 1892 (*Gaz. Pal.* 1892, II, 449).

(2 *de la page précédente*) Bourguignat, note, S. 76, 1, 409. — Buchère, *J. S.* 1883, 528. — Lyon-Caen et Renault, no 871.

(1) Lacour (*Ann. de dr. com.* 1889, p. 264).

— La nullité de la société entraînerait aussi celle de l'augmentation du capital.

— Mais si l'augmentation du capital entraînait la création d'une société nouvelle, la société primitive ne serait pas atteinte par la nullité qui vicierait l'augmentation du capital.

La nullité de la société existe aux termes de l'article 41 de la loi de 1867 « à l'égard des intéressés ». Mais les associés ne peuvent pas l'opposer aux tiers (1).

On a soutenu que l'augmentation du capital n'était pas frappée d'une nullité véritable, mais restait simplement informe, ce qui aurait pour conséquence de permettre aux souscripteurs de retirer le montant de leur versement, même vis-à-vis des créanciers de la société. Mais ce système, dont le résultat est d'attribuer aux souscripteurs d'un capital d'augmentation une responsabilité moindre qu'aux souscripteurs d'un capital de fondation, nous paraît vicieux. Il faut, au contraire, établir une assimilation aussi absolue, au point de vue de leur responsabilité, entre ces deux catégories de souscripteurs, qu'à tout autre point de vue.

Donc, selon nous, les souscripteurs, malgré la nullité de l'augmentation du capital, seront tenus de

(1) Lyon-Caen et Renault, n° 871. — Seine, 2 mai 1884. *Gaz. Pal.* 84, 2, 13.

verser le montant de leur souscription aux créanciers de la société si ceux-ci l'exigent, car c'est leur gage.

En est-il de même des primes ?

Les primes, qui sont une somme que les actionnaires nouveaux versent en sus du montant nominal de chaque action, représentent, comme nous l'avons dit sous le paragraphe 7, l'équivalent de l'avantage que ces nouveaux actionnaires ont de faire partie de la société, et qu'on leur fait ainsi payer. Ils versent donc cette somme à titre d'actionnaires, et elle vient augmenter l'actif social, autrement dit le gage des créanciers.

Dans l'affaire de l'Union Générale (1), cette question a fait l'objet d'un point particulier du procès. L'avocat général, M. Loubers, lui a donné une solution contraire à celle que nous venons d'indiquer, en s'appuyant sur cet argument spécieux que la société ayant annoncé publiquement qu'elle augmentait son capital d'une somme déterminée, la prime ne rentrait pas dans cette somme, et que les créanciers n'avaient donc pu en faire état en accordant leur confiance à la société.

Mais, outre que très fréquemment, dans la pratique, la société anonyme annonce publiquement que les actions nouvelles sont émises avec primes, on ne

(1) Paris, 2 mars 1883. *R. S.* 1883, 247.

voit pas pourquoi, même au cas où cette publication n'aurait pas eu lieu, les tiers verraient leur gage limité au montant nominal des actions : leur gage porte sur tout l'actif. Or, puisque cet actif peut s'accroître au moyen de bénéfices provenant des opérations auxquelles se livre la société ou de toute autre source : donation, legs, etc., on ne voit pas pourquoi on en exclurait cette source particulière de profits que sont les primes ; enfin, l'argument de la Cour de Paris ainsi présenté laisserait à entendre que les tiers n'auraient pas de recours sur le montant de ces primes au cas où la société n'aurait pas annoncé que les actions nouvelles seraient émises sous la condition du versement de ces primes.

Parmi les auteurs qui ont approuvé la solution de la Cour de Paris, il en est (1) qui ont admis les actionnaires nouveaux à répéter le montant des primes versées à l'encontre des créanciers sociaux et par privilège sur ceux-ci, en se fondant sur ce que ces primes ne constituaient pas le gage de ces créanciers.

Nous adopterons sur ce point comme sur le précédent l'avis de M. Wahl (2) : « Les actionnaires qui répètent la prime se fondent sur la nullité de l'augmentation du capital ; ils invoquent donc la circonstance que la somme versée par eux n'était pas due :

(1) Thaller, *Rev. crit. de lég.*, 1883, p. 313.

(2) Wahl, loc. cit., n° 92.

ils auront donc l'action en répétition de l'indu, qui, on le sait, ne confère aucun privilège à celui qui l'exerce. »

Mentionnons, pour terminer sur cette question des primes, une opinion aux termes de laquelle elles ne seraient pas sujettes à répétition si elles ont été versées, mais que les souscripteurs pourraient se dispenser d'en faire le versement s'ils ne l'ont pas fait encore.

Nous rejetterons cette opinion car il est inadmissible que la confusion de la prime avec l'actif social permette l'exercice d'une action tandis que la non confusion y mette obstacle.

— La nullité de l'augmentation du capital, comme celle de la constitution de la société, sous l'empire de la loi de 1867, était d'ordre public, et elle ne pouvait être couverte par aucune ratification expresse ou tacite, spécialement par une exécution volontaire de la part des associés ou par une délibération nouvelle de l'assemblée générale (1).

Cela avait l'inconvénient de laisser cette constitution de société ou cette augmentation de capital perpétuellement sous le coup de la nullité pour la moindre irrégularité. La loi du 1er août 1893 a modifié cela et elle a ajouté à l'article 8 de la loi de 1867 un paragraphe ainsi conçu : « L'action en nullité de

(1) Wahl, loc. cit., 93.

la société ou des actes et délibérations postérieurs à sa constitution n'est plus recevable lorsque, avant l'introduction de la demande, la cause de nullité a cessé d'exister. » Cette disposition est étendue aux sociétés anonymes par l'article 5 de la même loi.

Il résulte de cette disposition que l'action en nullité n'est plus recevable quand la cause de nullité a cessé d'exister avant l'exploit introductif de la demande en nullité. Si la souscription n'a pas été intégrale, s'il n'y a pas eu versement intégral, ou du quart selon les cas, il faudra, pour couvrir cette nullité, que la souscription soit complétée ou le versement qui manquait opéré. Si la déclaration notariée a été omise il faudra en dresser une. Si les apports en nature ou les avantages particuliers n'ont pas été approuvés, il faudra réunir à cet effet l'assemblée générale : la convocation régulière de cette assemblée suffira pour faire rejeter toute demande en nullité, car si l'on avait attendu pour cela le résultat de la délibération, le simple fait de la convocation révèlerait le vice à couvrir et risquerait de faire surgir des demandes en nullité.

Si, pour un motif quelconque, le vice cause de la nullité ne disparaît pas, la loi de 1893 admet une prescription de 10 ans qui court du jour où l'action en nullité est née, c'est-à-dire du jour où l'augmentation du capital est définitive.

Mais la nullité ayant conservé le caractère d'ordre

public qu'elle avait sous l'empire de la loi de 1867, on ne peut dire que la prescription édictée par la loi de 1893 puisse être assimilée à celle de l'article 1304 du Code civil, bien qu'elle ait la même durée et le même résultat : c'est en effet une prescription spéciale qui, contrairement à celle de l'article 1304, ne repose aucunement sur une idée de confirmation.

II. — Responsabilités.

Si la nullité de l'augmentation du capital est prononcée, quelles sont les personnes qui vont être responsables ?

L'article 42 de la loi de 1867, qui n'a trait qu'à la nullité de la société elle-même, indique comme responsables de la nullité, pour les sociétés anonymes, les fondateurs et les administrateurs, pour les sociétés en commandite, le gérant.

Au cas qui nous occupe, il n'y a plus de fondateurs : les personnes responsables seront donc les administrateurs, ou les gérants, selon la nature de la société.

Ils sont responsables, par exemple, en cas de déclaration inexacte de souscription et de versement du nouveau capital, de composition irrégulière de l'assemblée chargée de vérifier les apports (1) ; pour

(1) Paris, 20 juin 1891, *J. S.*, 1892, 70.

envoi de circulaires, prospectus, bulletins de souscription d'actions nouvelles, lorsqu'ils connaissaient les vices de constitution de la société (1).

Il a été décidé, notamment, que les souscripteurs d'actions nouvelles qui ont été déterminés à souscrire par la publication d'annonces mensongères distribuées en vue de l'émission, énonçant un bilan faux, des apports majorés et des dividendes fictifs, sont fondés à agir non seulement contre les administrateurs, auteurs de ces communications, mais contre ceux qui, n'étant entrés en fonctions que postérieurement à ces publications, ont négligé de vérifier les inventaires et le bilan et se sont, par conséquent, présentés comme garants de ces assertions mensongères (2).

La responsabilité entre administrateurs est solidaire par application de l'article 42 de la loi de 1867. La jurisprudence est constante en ce sens, et dans l'arrêt que nous venons de citer il a été décidé que c'est à bon droit que la solidarité est prononcée contre tous les administrateurs anciens et nouveaux lorsqu'il a été constaté que par un ensemble indivisible de fautes, ils ont contribué à amener le dommage sans qu'il soit possible de déterminer la part de chacun d'eux.

(1) Amiens, 15 mars 1888 (*J. S.*, 1890, 205).

(2) Cass. Req., 31 mars 1896, *J. S.*, 1896, 209.

L'étendue de cette responsabilité a été modifiée par la loi du 1er août 1893.

Désormais elle est encourue :

1° Envers les actionnaires anciens dans la mesure du préjudice causé et si la nullité ne provient pas de la faute des actionnaires eux-mêmes (si par exemple ils ont voté l'émission qu'ils savaient irrégulière (1) ;

2° Envers les souscripteurs d'actions nouvelles, mais seulement dans la mesure du préjudice causé, c'est-à-dire dans la mesure des versements qu'ils auront déjà faits ou qu'ils auront été appelés à faire ;

3° Envers les créanciers, dans la mesure du préjudice causé.

Avant la loi de 1893 la jurisprudence déclarait les administrateurs responsables vis-à-vis des créanciers de tout le passif social même postérieur à l'augmentation irrégulière du capital, et *in infinitum*. C'était excessif.

— M. Wahl qui reconnaît aux anciens actionnaires la qualité d'apporteurs (§ VI ci-dessus) leur fait encourir une responsabilité par analogie des articles 8 et 42 lorsqu'ils défendent aux administrateurs de provoquer la vérification du bilan. Nous ne leur reconnaissons pas cette qualité d'apporteurs ; s'ils encourent une responsabilité selon nous ce sera seulement s'ils ont défendu aux administrateurs de vérifier

(1) Wahl, n° 103.

les apports faits par les actionnaires nouveaux ou pour toute autre cause de leur fait. Mais contrairement à M. Wahl nous ne croyons pas que cette responsabilité soit solidaire : les articles 8 et 42 ne sont pas ici applicables, mais bien plutôt l'article 1382 du Code civil.

La jurisprudence ne paraît pas avoir eu à se prononcer sur ce point.

— Les anciens actionnaires n'encourent bien entendu aucune responsabilité pour les irrégularités commises par les administrateurs ou le gérant dans les formalités de l'augmentation du capital. C'est le fait des administrateurs ou du gérant qui est ici en jeu, et non pas le leur.

Le directeur encourt une responsabilité dans les termes du droit commun s'il a accompli un acte dommageable.

Dans les sociétés en commandite, le conseil de surveillance chargé de vérifier si les formalités ont été accomplies est responsable s'il n'exerce pas ce contrôle : mais cette responsabilité n'est pas obligatoire et elle est laissée à l'appréciation du Tribunal.

Enfin il a été jugé qu'indépendamment des administrateurs, la société elle-même pouvait être rendue responsable dans certains cas (1). Dans l'espèce sou-

(1) Lyon, 28 févr. 1894, *J. S.* 1895, p. 62. — Cass. Req. 30 juillet 1895, *J. S.* 1895, 491 (décisions rendues dans l'affaire de la Soc. lyonnaise des tramways).

mise au tribunal, des manœuvres dolosives avaient été employées par les administrateurs pour provoquer la souscription d'actions nouvelles. Le liquidateur de la société a été condamné à payer des dommages-intérêts à l'un des souscripteurs de ces actions à titre de réparation du préjudice causé à ce dernier par le fait qu'il n'avait jamais été sociétaire, son consentement ayant été vicié ; et l'un des attendus de l'arrêt confirmatif est ainsi conçu : « Attendu que les administrateurs sont les représentants légaux de la compagnie ; que lorsque dans l'exercice de leurs attributions ils ont pratiqué des manœuvres frauduleuses et commis un dol, la société n'en doit pas profiter mais doit au contraire réparer le préjudice qui en résulte pour les tiers de bonne foi. » Cette action n'est pas une action sociale, mais une action personnelle contre la société.

*Prescription de l'action en responsabilité.*

Sous l'empire de la loi de 1867 l'action en responsabilité se prescrivait en même temps que l'action en nullité, c'est-à-dire par trente ans. Il n'en est plus de même depuis la loi de 1893. L'action en nullité de l'augmentation du capital se prescrit par dix ans du jour où le vice est né, à moins que la nullité n'ait été couverte dans l'intervalle ; mais l'action en responsabilité ne se prescrit plus en même temps que l'action de la nullité ; elle ne cesse désormais d'être recevable que si, en outre, trois ans se sont écoulés du jour où la nullité était encourue. Le motif de cette disposition ajoutée par la loi de 1893 à l'article 8 de la loi de 1867 est que l'on n'a pas voulu permettre aux administrateurs d'être affranchis trop tôt des conséquences de leurs fautes.

Cette disposition est applicable à l'augmentation du capital par identité de motifs.

Si l'on admet avec la jurisprudence l'action personnelle en responsabilité contre la société dont nous avons rappelé une application sous le paragraphe précédent *in fine*, il nous semble que la prescription de 3 ans de la loi de 1893 doit s'appliquer également à l'exercice de cette action, car la loi ne distingue pas.

### III. — Sanctions pénales.

Les dispositions des articles 13, 14, 15 et 64 de la loi de 1867 qui édictent des pénalités pour certaines infractions commises lors de la constitution de la société sont également applicables aux mêmes infractions commises lors de l'augmentation du capital.

### § X. — Effets de l'augmentation du capital.

L'augmentation du capital, lorsqu'elle est accompagnée de modifications telles que la nature de la société en est altérée, a pour effet d'entraîner la création d'une société nouvelle.

Il en est ainsi par exemple, lorsque le siège, l'objet, la durée de la société sont modifiés en même temps, ou encore lorsque les intéressés ont entendu expressément constituer une société nouvelle.

C'est d'ailleurs là une question de fait.

Mais lorsque l'augmentation du capital est pure et simple, entraîne-t-elle ou non la création d'une société nouvelle ?

En doctrine la question est controversée.

Certains auteurs disent qu'il y a création de société nouvelle quand cette augmentation n'a pas été prévue aux statuts, sinon il n'y a qu'une simple modification aux statuts (1).

D'autres ont admis qu'il y avait société nouvelle dans tous les cas (2).

Nous avons eu l'occasion d'indiquer notre opinion au sujet de cette question sous le paragraphe 6, à

(1) Beslay et Lauras, *Soc.* n° 145 et s. — Pons, *Soc.* n° 876 et 1089. — Griolet, note D, 69, II, 145. — Buchère, *J. S.* 1883, 482.

(2) Loubers, note sous Paris, 2 mars 1883 (*R. S.* 1883, 297 et s.).

propos de l'approbation du bilan de la société. Notre avis est qu'il y a constitution partielle de société nouvelle : nous avons dit dans quel sens nous entendions cela sous le paragraphe précité, à propos du principal effet que nous attribuons à cette théorie ; il nous paraît inutile d'y revenir. Mais notre opinion est peu partagée (1).

Beaucoup d'auteurs enfin passent complètement la question sous silence, car elle leur semble sans intérêt.

Quant à la jurisprudence elle a beaucoup varié, mais en apparence seulement :

Elle a d'abord décidé que l'augmentation du capital même non prévu aux statuts et accompagnée d'une prorogation de la société ne constituait pas une société nouvelle (2).

Puis elle a décidé que l'intention des parties devait seule être recherchée pour savoir si elles ont entendu créer une société nouvelle ou modifier simplement la société : elle a ramené la question à une question de fait (3).

Enfin deux arrêts, le premier du 2 février 1892 et le deuxième du 19 octobre suivant paraissent dire que « l'augmentation du capital transforme la société en société nouvelle. »

(1) Lyon-Caen et Renault, *Traité*, 2, 870.
(2) Cass. civ., 12 février 1879, S. 79, 1, 217.
(3) Cass. civ , 12 février 1879, S. 79, 1, 217.

Mais toutes ces variations ne sont qu'apparentes :

La première solution donnée par la jurisprudence ne l'a été que dans des espèces où il s'agissait de sociétés constituées antérieurement à la loi de 1867. Puisque ces sociétés avaient échappé aux formalités de cette loi lors de leur constitution, on voulait les leur éviter aussi lors de l'augmentation du capital et on considéra pour cela que cette augmentation n'entraînait qu'une simple modification soumise à la loi antérieure.

La deuxième solution est celle que la jurisprudence a admise en réalité d'une manière définitive : le juge décide souverainement de la question de fait.

Quant à la troisième solution elle n'est qu'une modification apparente de la deuxième : car le considérant de l'arrêt du 2 février 1892 qui parle de la transformation de la société en société nouvelle, n'est qu'une simple affirmation enveloppée d'un argument de fait et sans portée juridique ; et la question qui nous occupe n'était pas directement soumise à la Cour dans l'arrêt du 19 octobre 1892 (1).

La jurisprudence est donc homogène, mais elle n'a jamais rendu encore de décision dans le sens que nous avons adopté.

Quelle que soit l'opinion que l'on adopte sur la

(1) Conf. Wahl, nº 9 : Contrà Houpin note sous arrêt S. 93, 1,89. Cet auteur est revenu sur son opinion : *Traité des Soc.*, nº 477.

question qui précède et qui n'a d'intérêt qu'au point de vue des rapports entre associés, l'augmentation du capital a pour effet à l'égard des tiers d'augmenter leur gage.

Dans le cas particulier où elle a lieu par voie de fusion d'une société en liquidation avec une autre société, l'augmentation du capital de cette dernière société entraîne quelques effets particuliers à l'égard des créanciers :

Les créanciers de la société qui se dissout ne sont pas tenus d'accepter l'autre comme débitrice. A défaut de cette acceptation par les créanciers, la société en liquidation devra les désintéresser intégralement, et ne pourra faire l'apport à l'autre société que d'un actif net. Car si les créanciers ne sont pas désintéressés et s'ils ont refusé d'accepter une novation de leur créance par changement de débiteur, ils conservent le droit de poursuivre leur paiement sur les biens qui composeraient l'apport de leurs débiteurs, de les saisir et de les faire vendre, de telle sorte que les actions qui auraient été attribuées en représentation de cet apport se trouveraient sans cause entre les mains des actionnaires de l'ancienne société dissoute.

Il résulte des diverses décisions de la jurisprudence que la société en liquidation ne peut faire l'apport *de son actif* à une autre société, avant l'extinction de tout son passif, mais qu'elle peut lui faire l'apport de l'*universalité* de ses biens à la charge d'acquitter tout son passif.

Cette dernière disposition a en effet le caractère d'une vente à concurrence du passif à acquitter par la société qui reçoit l'apport, et elle donne lieu à la perception d'un droit de vente.

Pour éviter ce droit d'enregistrement, il nous semble que la société en liquidation pourrait valablement apporter non plus l'universalité de ses biens, mais seulement son actif brut, en restant chargée personnellement d'acquitter son passif. Les actions qui seraient attribuées à la liquidation seraient aliénées et le prix affecté au paiement des créanciers, à moins que ceux-ci ne consentent à les recevoir elles-mêmes en paiement. Il faut toutefois pour que cette opération soit possible que ces actions aient un marché certain immédiat et suffisant.

# DEUXIÈME PARTIE

## DE LA RÉDUCTION DU CAPITAL

—

### § I. — Définition. — But.

La réduction du capital se définit par elle-même : c'est une opération qui a pour but de ramener le capital à un chiffre inférieur à celui où il se trouve actuellement.

Une société peut avoir, en procédant à cette réduction, plusieurs buts :

1° Le capital entièrement versé est reconnu trop important pour les opérations sociales ; par suite, il est insuffisamment rémunéré : l'intérêt de la société est de restituer aux actionnaires l'excédent inutile ;

2° Le capital versé en partie seulement, peut être suffisant pour les opération sociales (c'est le cas généralement pour les compagnies d'assurances qui n'ont pas besoin de fonds de roulement). La société donne décharge du non versé aux actionnaires, pour leur rendre la disponibilité absolue de fonds qu'ils auraient immobilisés pour faire face à des appels éventuels ;

3° Enfin, l'actif social a été entamé par des pertes sérieuses n'excédant pas toutefois les trois quarts du capital. Il peut être avantageux de constater officiellement cette perte en ramenant le capital au chiffre de l'actif subsistant, car la société trouvera plus facilement crédit au cas d'une émission nouvelle d'actions.

Il y a plusieurs procédés pour opérer la réduction du capital ; on peut :

1° Soit opérer la diminution du capital nominal des actions : dire, par exemple, qu'une action de 1,000 francs serait réduite à 500 francs, et rembourser 500 francs à chaque actionnaire, ou dire qu'une action de 1,000 francs, libérée du quart, sera réduite à 250 francs, et entièrement libérée ;

2° Soit délivrer aux actionnaires un titre entièrement libéré, en échange de deux titres libérés de moitié, ou de quatre titres libérés du quart ;

3° Soit diminuer le nombre des actions, en maintenant le taux à 1,000 francs par exemple, mais en échangeant les nouveaux titres contre deux autres anciens du même chiffre ;

4° Soit diminuer à la fois le nombre et le taux des actions : dire, par exemple, qu'il n'y aura plus que 500 actions au lieu de 1,000, et que le taux de chaque action sera de 500 francs et non plus de 1,000 francs ;

5° Soit racheter des actions (si les statuts le permettent), soit au moyen de l'actif social, soit au moyen de fonds d'emprunt provenant par exemple d'une émission d'obligations, puis annuler les titres ainsi rachetés.

Chacun de ces procédés répond à l'un des buts que nous avons précédemment signalés.

Nous allons étudier quelles sont les conditions de la réduction.

### § II. — Consentement des actionnaires.

Nous avons admis, après discussion, en étudiant l'augmentation du capital, que ce capital étant un élément essentiel de la société, toute modification y relative devait, pour être valable, réunir l'unanimité des actionnaires, et cela par application de l'article 1134 du Code civil, aux termes duquel les conventions légalement formées ne peuvent être révoquées que du consentement mutuel des parties. Nous ne reviendrons pas sur cette discussion.

Rappelons seulement les conséquences suivantes, qus nous avons tirées de ce principe par nous admis :

*a)* Dans le cas de silence des statuts, il faut, pour modifier le capital, l'unanimité des actionnaires.

*b*) Si les statuts contiennent une clause générale permettant à l'assemblée générale de statuer sur tous les cas non prévus, ou de modifier les statuts (sans préciser), l'unanimité sera encore nécessaire pour modifier le capital, car le capital est un élément essentiel de la société, et pour modifier un tel élément il faut l'unanimité.

*c*) Si les statuts autorisent l'assemblée générale à modifier le capital, cette modification est possible au vote de la majorité à condition toutefois que les actionnaires quels qu'ils soient, ne soient pas obligés à fournir leur fait ou ne soient pas contraints à subir une perte, auxquels cas il faudrait l'unanimité des actionnaires.

Ces diverses conséquences doivent être appliquées *mutatis mutandis* à la réduction du capital.

La jurisprudence au contraire a consacré, nous l'avons dit, l'omnipotence de l'assemblée générale des actionnaires sous la seule réserve des droits propres de l'actionnaire (1).

Elle est approuvée par un certain nombre d'auteurs, notamment par M. Thaller (2). Ce dernier ne faisait qu'une seule exception au droit de l'assemblée

(1) Seine, 11 avril et 1er octobre 1883. *J. S.* 1884, 156 et 162. — Paris, 13 mars 1884. *J. S.* 1885, 441. — Paris, 13 janvier 1885. *J. S.* 1885, p. 611. — Trib. Lyon, 18 juillet 1894. *J. S.* 1895, 121, etc.

(2) Note sous Cass., 30 mai 1892, D. 93, 1, 105. — Contrà Lyon-Caen, note sous même arrêt. S. 92, 1, 561.

générale d'ordonner la réduction : c'était au cas où la réduction s'opérait indirectement par la mise au porteur des actions après versement de moitié dans les conditions de l'article 3 de la loi du 24 juillet 1867 (1). Cette conversion n'était en effet possible que si les statuts l'autorisaient expressément,

Mais cette exception n'a plus sa raison d'être depuis la loi de 1893, aux termes de laquelle les actions doivent rester nominatives jusqu'à leur entière libération.

— Même parmi les auteurs qui en principe ne reconnaissent pas à l'assemblée générale le droit de réduire le capital en l'absence d'une clause spéciale des statuts, il en est qui font une exception pour le cas où cette réduction s'opérerait par suite de pertes, et aurait pour but de mettre le capital social d'accord avec l'actif réel ainsi réduit (2).

D'après eux, « la réduction motivée par une dépréciation de l'actif social paraît toute différente de celle décidée lorsque le capital demeure intact... les éléments composant l'actif et le passif restent ici les mêmes ; une seule chose est changée, le chiffre du capital social. L'assemblée générale ne fait que constater et consacrer légalement un état de choses

(1) Cette mise au porteur rendait en effet presque impossible en fait le recouvrement du non-versé et le capital se trouvait ainsi n'être jamais réalisé.

(2) Houpin, n° 804. — Bourgeois, *J. S.* 1888, p. 48 et s.

préexistant et mettre le capital social en harmonie avec l'actif qu'il représente. C'est une opération de sincère et loyale administration ».

La jurisprudence de la cour suprême paraît leur donner raison (1) bien que cependant plusieurs décisions de Cours d'appel soient en sens contraire (2).

Nous croyons avec M. Lyon-Caen (Note S. 92, 1. 561), qu'il y a une inexactitude dans le fait de croire que l'assemblée générale se borne dans ce cas à constater un fait et à ne point créer une situation légale nouvelle. Sans doute il n'y a pas restitution aux actionnaires de fonds versés ou libération du non versé, mais il y a cependant une modification réelle des statuts à un double point de vue :

1° Au point de vue de la répartition des bénéfices puisque la réduction permet de distribuer immédiatement des bénéfices qui autrement devaient servir à combler le déficit social.

M. Houpin répond à cette objection en disant que cette situation est tout à l'avantage des actionnaires Cela n'est pas entièrement exact : car si ces actionnaires recevaient comme il arrive souvent dans la pratique même, en l'absence de bénéfices, un intérêt

(1) Cass. 30 mai 1892. S. 92, 1, 561. D. 93, 1, 105. — 31 octobre 1893. *J. S.* 1894, 66. — 29 janvier 1894. *J. S.* 1894, 208. — R. S. 1894, 114.

(2) Paris, 15 mars 1890, *J. S.* 1890, 533 ; S. 91. 2. 105. — Douai 31 décembre 1891 et 14 avril 1893 (*J. S.* 1894, 72).

fixe sur leur actions, cet intérêt se trouve diminué par la réduction du capital nominal des actions auquel il correspond.

2° Au point de vue du retour du capital social à son chiffre primitif. Si la réduction est opérée juridiquement, il faudra voter une augmentation du capital si l'on veut ramener ce capital à son chiffre primitif ; au contraire si le capital est en partie perdu ou déprécié, sans avoir été réduit, et si la société revient à meilleure fortune, les produits annuels serviront à le reconstituer, puisqu'il est admis que tant que cette reconstitution n'a pas eu lieu il n'y a pas de bénéfices à distribuer ; le capital revient ainsi de lui-même à son chiffre originaire. La réduction opérerait donc bien une modification réelle des statuts.

M. Houpin ne répond pas à cette deuxième objection.

Ce sont surtout des considérations d'intérêt pratique qui paraissent motiver la solution que donne cet auteur : il est en effet presque impossible d'obtenir le consentement unanime des actionnaires, et par suite d'opérer la réduction. Pourtant cette réduction est à la fois utile pour les tiers qui ne sont plus trompés par l'annonce d'un capital perdu en partie, et pour la société elle-même qui évite ainsi souvent la liquidation.

Quelque fortes que soient ces considérations que nous avons déjà trouvées en traitant de l'augmentation du capital, nous ne pouvons leur reconnaître suffisamment de valeur pour, dans l'état actuel de la législation, nous affranchir de la prescription rigoureuse de l'article 1134 Code civil, et de l'esprit de la loi de 1867.

Parmi les procédés de réduction du capital que nous avons indiqués, il en est deux dont l'emploi soulève quelques difficultés :

1° Celui qui consiste à échanger deux ou plusieurs actions anciennes contre une nouvelle ;

2° Et celui qui consiste dans le rachat de ses actions par la société.

### I. — Échange de deux ou plusieurs actions anciennes contre une nouvelle.

Ce procédé a un inconvénient : les actionnaires possédant un nombre irrégulier de titres doivent en effet ou bien acheter les unités manquantes ou bien vendre celles qu'ils ont en excès. S'ils prennent le deuxième parti, ils perdent leur qualité d'associés.

(Cet inconvénient existe également dans le cas où la réduction porte à la fois sur le nombre et sur le taux des actions, et dans celui où elle a lieu par l'échange d'une action libérée contre deux anciennes libérées de moitié ou quatre anciennes libérées du quart, car dans ces cas l'actionnaire qui n'a qu'une action devra acheter les unités manquantes ou vendre la sienne.)

La jurisprudence admet cependant ces divers procédés en déclarant que sauf disposition contraire des statuts, l'assemblée générale qui a le pouvoir de réduire, apprécie souverainement le mode de réduction à employer, sous la seule réserve des droits des tiers (1).

L'arrêt de la Cour de Cassation du 30 mai 1892 est formel à cet égard :

« Attendu qu'on ne saurait considérer davantage comme portant atteinte aux bases essentielles de la société ainsi que l'arrêt attaqué l'a décidé à tort, la sujétion imposée par les résolutions susdites à tout actionnaire ne possédant pas un nombre d'actions divisible par trois, de compléter ou de réduire le nombre de ces titres afin d'en opérer l'échange contre des titres nouveaux ; qu'il appartient à l'assemblée extraordinaire de prescrire une semblable mesure comme conséquence de la réduction du capital, si le pacte social ne contenait aucune interdiction à cet égard. »

(1) Seine, 11 avril et 1er octobre 1883 (*J. S.* 1884, 156 et 162). — Paris, 13 mars 1884, (*J. S.* 1885, 441), et 13 janvier 1885 (*J. S.* 1885, 611). — Seine, 14 novembre 1887 (*J. S.* 1888, 201). — Trib. Lyon, 18 juillet 1894 (*J. S.* 1895, 121). — Paris, 15 mars 1890, (*Gaz. Pal.* 1890, 1, 811). — Cass. 30 mai 1892, loc. cit. ; Cass. 27 janvier 1894. (D. 94, 1, 313). — Contrà Paris, 23 mars 1888, (*J. S.* 1889, 59).

Cette jurisprudence est universellement critiquée pour des motifs divers :

D'après M. Lyon-Caen (1) « Ce procédé est illégal, bien que la Chambre civile en ait admis la légalité, en tant que mesure prescrite comme conséquence de la réduction du capital et de nature à être admise par cela même que les statuts ne l'interdisent pas. »

« Sans doute, dit-il, si la réduction du capital impliquait nécessairement une option de cette sorte imposée aux actionnaires, il serait exact de dire que cette option peut être imposée par une délibération de l'assemblée générale, par cela même que cette assemblée a le pouvoir de réduire le capital social. Mais il n'en est nullement ainsi. Il y a des procédés de réduction, très usités même, qui ne conduisent pas à obliger des actionnaires à choisir entre l'acquisition d'actions et l'aliénation de tout ou partie de celles qui leur appartiennent. Ainsi, on peut, en réduisant le taux nominal des actions, rembourser une partie de leur montant aux actionnaires, ou les libérer quand ils n'ont fait que des versements partiels. Une société peut aussi racheter des actions et les annuler. La clause qui donne à l'assemblée générale le pouvoir de réduire le capital est donc susceptible de produire des effets, encore qu'on n'admette

(1) Note, S. 92, 1, 562 et les renvois.

pas que les actionnaires puissent se voir imposer l'option dont il s'agit.

Cette option obligatoire a un caractère exorbitant ; elle conduit à une véritable expropriation des actionnaires qui ne veulent pas acquérir des actions nouvelles. Aussi, est-il naturel de n'admettre ce procédé de réduction que lorsque les statuts l'ont expressément visé. »

M. Houpin est moins rigoureux (1) : il se contenterait, pour admettre ce procédé de réduction, que la réduction ait été d'une manière générale prévue et autorisée par les statuts, et il appuie sa solution par l'axiôme : « qui veut la fin, veut les moyens. »

M. Thaller (2), et M. Lacour (3), opposent à l'arrêt précité un arrêt de la Cour de Paris du 26 juillet 1887 qui annulait une délibération de l'assemblée générale doublant le capital et obligeant les actionnaires ou à doubler leur mise ou à vendre leurs actions, et ils en concluent par analogie, que l'assemblée générale des actionnaires n'a pas, dans notre cas, le droit de voter le mode de réduction dont est question qui a pour conséquence de méconnaître l'un des droits propres et inviolables de l'actionnaire qui est de continuer de faire partie de la société.

Cependant, ils reconnaissent que ce procédé de

(1) Houpin, n° 802.
(2) Note D. 93, 1, 105.
(3) Note D. 94, 1, 313.

réduction est parfois le seul possible dans certains cas (lorsque, par exemple, les actions sont au taux légal minimum et que d'autre part la société ne peut en racheter, son capital étant perdu), et ils accordent que l'on pourrait en faire un emploi valable à la condition que « la société centralisât elle-même un service de soultes, ramenât chaque action à un cours de compensation, organisât chez elle un mouvement de caisse et de titres, et offrît une somme représentative de ce cours de compensation à ceux qui lui apporteraient leurs titres ». Ainsi, par exemple, en cas de réduction de moitié d'un capital composé d'actions de 500 francs, la société rembourserait 250 francs à chaque actionnaire qui, ne possédant qu'une seule action, ne voudrait pas en racheter une autre pour échanger les deux réunies contre une nouvelle action de 500 francs. La société proposerait les titres ainsi rachetés aux actionnaires qui voudraient par ce moyen compléter leurs lots, et s'il lui en restait, elle les transformerait en actions nouvelles dont elle ferait elle-même la négociation.

Cette concession faite par M. Thaller et M. Lacour à des nécessités d'ordre pratique n'est pas approuvée par tous ceux qui adoptent leur point de départ :

D'après M. Clément (1), l'organisation par la société de ce service d'amortissement n'est qu'un

(1) Clément, *Des pouvoirs des ass. gén. extraord.*, n° 120.

moyen détourné d'arriver à un résultat identique à celui auquel on arrive sans cela : il y a toujours nécessité pour l'actionnaire d'acheter de nouveaux titres ou d'aliéner ceux qu'il possède.

Et cet auteur arrive, comme M. Lyon-Caen, mais par des voies différentes, à exiger, pour que ce procédé de réduction soit valable, ou bien une clause des statuts l'autorisant expressément ou bien l'unanimité des actionnaires.

Nous serions portés à adopter l'opinion de M. Lyon-Caen et les motifs qu'il en donne. C'est la conséquence de la théorie qui consiste à exiger l'unanimité des actionnaires à défaut d'une clause expresse des statuts toutes les fois qu'il s'agit de faire une modification qui oblige les actionnaires soit à fournir leur fait, soit à subir une perte ; c'est bien le cas en effet ici, pour les actionnaires propriétaires d'actions en nombre impair qui sont obligés d'en acheter d'autres à concurrence du nombre nécessaire pour obtenir une action nouvelle, autrement dit à fournir leur fait ; sinon, ils sont expropriés de leurs anciennes actions, autrement dit ils perdent le droit de faire partie de la société.

Cependant, la jurisprudence et tous les auteurs que nous avons cités partent de l'idée suivante :

Les titres que la société exécute en Bourse sur les actionnaires récalcitrants, ce sont les actions anciennes.

Ce sont aussi les actions anciennes que les associés propriétaires d'un nombre insuffisant d'actions, doivent acheter à titre de complément s'ils veulent continuer à faire partie de la sociéte.

Enfin, dans le système de M. Thaller et de M. Lacour, ce sont encore les actions anciennes que la société, après sa « cuisine de soultes », offre aux actionnaires qui désirent en acheter à titre de complément.

C'est seulement après les exécutions et les achats, lorsque le capital, comme l'eau un instant troublée, a repris son équilibre, que la réduction s'opère définitivement par l'échange des actions nouvelles qui trouvent leur contre-partie mathématique dans les groupements d'actions anciennes dont chacun appartient à un seul associé.

D'après cette conception, il est bien vrai de dire qu'il y a une véritable expropriation des actionnaires récalcitrants ou obligation pour les autres de fournir leur fait. L'opération ainsi conçue nous paraît donc critiquable.

Mais on pourrait, semble-t-il, concevoir l'opération d'une manière différente :

*Ipso facto* et comme conséquence de la délibération autorisant la réduction, toutes les actions anciennes sont annulées ; plus de trafic possible sur ces titres : la société les fait rentrer dans ses caisses et les estampille. Tous les actionnaires sont donc sur un pied absolu d'égalité : ils sont tous dépossédés de leurs titres et aucun n'en est exproprié plus que les autres. Supposons que le capital ait été réduit de moitié par la délibération : la société aura à distribuer aux actionnaires des actions nouvelles à raison d'une action contre deux de celles qui sont rentrées dans ses caisses. Pour les actionnaires qui étaient propriétaires d'un nombre pair des anciennes actions, l'opération se fait sans difficultés. Lorsque tous ces actionnaires auront reçu les actions qui leur reviennent, il demeure dans les caisses de la société un certain nombre d'actions nouvelles indivises entre les actionnaires qui possédaient des anciennes actions en nombre impair. Les statuts n'admettant presque toujours qu'un seul titulaire par action, il faudra faire sortir de l'indivision ce reliquat d'actions, et on les vendra en Bourse.

Est-il très exact de voir dans cette vente une expropriation? Nous ne le croyons pas. Ne serait-ce pas plutôt une licitation? Licitation forcée sans doute, mais dont le caractère obligatoire tient non pas tant au procédé de réduction employé qu'à la nature de l'action qui est d'être la représentation de droits sociaux appartenant à un titulaire unique. Ce caractère, croyons-nous, n'est pas de l'essence de l'action et si les statuts stipulent ordinairement que « les actions sont indivisibles et qu'il n'est reconnu qu'un propriétaire pour chaque action », nous pensons qu'ils pourraient stipuler le contraire, (sauf, bien entendu, les difficultés d'ordre pratique qui en seraient la conséquence).

Si l'on admet notre idée, sans doute il y aura bien aussi des copropriétaires indivis de ces actions nouvelles qui seront évincés par les acquéreurs et qui perdront ainsi le droit de faire partie de la société. Mais si ce résultat est identique à celui que produirait l'expropriation des actions anciennes, le caractère de la licitation en est seul ici la cause, et il n'est pas indifférent de dire que l'éviction résulte ici d'une licitation et non d'une expropriation.

Cela n'aurait-il que le seul intérêt de légitimer l'emploi de ce procédé de réduction, que cet intérêt serait suffisant.

Fréquemment, en effet, dans la pratique, il est utile de recourir à ce procédé, qui est souvent le seul possible, ainsi que nous le disions plus haut.

## II. — Rachat des actions.

Il arrive fréquemment que les sociétés rachètent leurs propres actions; la loi de 1867 et celle de 1893 ne contiennent aucune disposition à cet égard.

Le rachat peut être opéré de plusieurs manières :

La société peut y procéder au moyen d'une partie

de ses bénéfices ou d'une partie de ses fonds de réserve (1).

Elle peut annuler les actions rachetées ou les remplacer par des actions de jouissance.

Mais aucun de ces procédés, même le rachat d'actions au moyen des bénéfices ou des fonds de réserve sans création d'actions de jouissance n'entraîne la réduction du capital. Ce dernier procédé notamment ne fait disparaître que le titre mais non le capital qui est resté le même : les actionnaires non rachetés demeurent toujours propriétaires de la totalité du capital : ils ne seront plus que dix, cinquante, au lieu de cinq cents par exemple, mais ils demeurent propriétaires du capital social tout entier.

Le rachat d'actions opéré au moyen d'une partie du capital social est le seul qui entraîne la réduction de ce capital.

Il n'est valable qu'autant qu'il a lieu en conformité des statuts ou en exécution d'une délibération régulière de l'assemblée générale extraordinaire des actionnaires, et sous le bénéfice des observations que nous présenterons plus loin en ce qui concerne le rachat par remboursement au pair.

Ce procédé de réduction est licite, car s'il est voté régulièrement il n'offre aucun caractère de dissimulation, et d'autre part les actions rachetées étant

(1) Lyon-Caen, nos 882 et 883.

aussitôt annulées la société ne peut se livrer à des spéculations.

Ce rachat peut s'opérer de deux manières :

1° Par le remboursement au pair des actions.

2° Par le rachat en Bourse des actions.

### 1° *Remboursement au pair.*

Ce procédé est d'un emploi fréquent lorsque les actions sont au pair ou au-dessus du pair : dans le premier cas la société ne subit aucune perte et dans le second elle bénéficie de la différence entre le taux nominal et le cours actuel.

M. Clément (1) a fait remarquer que ce procédé n'est pas susceptible d'être employé s'il n'a pas été prévu expressément par les statuts.

« Si, dit-il, les actions sont au pair, la réduction « entraînera pour l'actionnaire dont le titre sera sorti « au tirage, une expropriation complète de ses droits. « Il se verra contraint d'accepter le remboursement « de sa mise et de quitter la société. Si les actions « sont au-dessus du pair, aux conséquences que « nous venons de signaler, s'ajoutera l'obligation de « subir une perte entre la valeur réelle actuelle de « son titre et le taux d'émission.

« Parmi les droits que nous avons regardés comme

(1) Clément, loc. cit., 128.

« intangibles par l'assemblée figure celui de rester « associé, et il semble que ce droit serait compro- « mis par la décision dont nous faisons l'étude. Sans « doute on peut dire que par le tirage au sort on « maintient l'égalité entre tous les actionnaires et « que c'est l'application seule du principe qui fera « naître les différences ; il n'est pas moins vrai ce- « pendant que le principe a pour effet direct et im- « médiat de forcer l'actionnaire à subir un rembour- « sement qu'il ne pourrait prévoir. »

« En dehors de ces raisons de droit, il est une « considération pratique dont l'intérêt n'échappera « à personne. L'actionnaire peut, aux heures de « prospérité de la société, avoir acheté ses actions à « un cours plus élevé que le taux nominal ; si les « actions se sont maintenues à ce cours l'assemblée « générale pourrait-elle les racheter à un taux infé- « rieur ? Si les actions sont revenues à leur valeur « nominale, pourrait-elle priver l'actionnaire des « chances de hausse qu'il est en droit d'espérer ?

« Pour toutes ces raisons nous n'hésitons pas à « condamner ce mode de réduction et nous estimons « que l'assemblée générale ne pourrait y recourir « que si la décision était approuvée par l'unanimité « des actionnaires. »

Nous adoptons cette solution tout en faisant des réserves au sujet du droit propre de l'actionnaire que M. Clément invoque et que nous n'admettons pas. Il nous suffit pour motiver notre adhésion à cette solution de faire remarquer que l'actionnaire remboursé perd de ce chef le droit de faire partie de la société et qu'il subit une expropriation véritable. Nous croyons qu'il n'en est pas de même au cas de réduction par voie d'échange d'actions : la perte du droit social provient dans ce dernier cas de l'indivision dont nous avons parlé sous le paragraphe précédent. Ici au contraire elle provient directement du fait même du remboursement.

2º *Rachat en Bourse des actions.*

Par le rachat en bourse des actions les actionnaires ne subissent pas d'expropriation : ils sont libres de vendre ou non, et l'opération demeure soumise à la loi commune de l'offre et de la demande. La société fait une bonne opération si le cours des actions est inférieur au taux nominal. Cette façon d'opérer a en outre l'avantage indirect de soutenir le cours des titres.

Nous supposons que le rachat des actions par la société est effectué en exécution d'une clause des statuts qui l'autorise : car autrement la réduction du capital qui en résulterait serait irrégulière.

Nous laisserons de côté les conséquences d'un rachat en bourse des actions par une société qui n'aurait pas été autorisée à le faire par les statuts.

### § III. — Formalités de la réduction.

Les lois de 1867 et de 1893 n'ont pris aucune précaution contre les abus et les fraudes pouvant survenir en matière de réduction du capital. La seule disposition de garantie applicable à cette réduction est établie par l'article 61 de la loi de 1867 et est relative à la publicité de tout acte ou délibération portant modification des statuts :

On doit donc publier la réduction dans le mois de la libération de l'assemblée générale qui l'a décidée, au moyen :

1° Du dépôt au greffe de la justice de paix et du tribunal de commerce du lieu dans lequel la société à son siège, de l'expédition notariée de la délibération ou de l'un des doubles de cette délibération si elle est sous seings privés ;

2° Et de la publication d'un extrait de la délibération dans l'un des journaux désignés pour recevoir les annonces légales ;

Le tout à peine de nullité de la réduction.

En outre le capital à indiquer désormais dans les actes, factures, etc... émanés de la société doit être le capital réduit (art. 64).

La réduction décidée par l'assemblée générale ne devient définitive qu'après que les actions nouvelles ont été remises aux actionnaires (si elle a eu lieu par voie d'échange d'actions) ou que les rachats ont été opérés. La constatation de l'exécution de ces opérations a lieu fréquemment dans la pratique par acte notarié. A notre avis cet acte doit être publié dans les mêmes formes que la délibération de l'assemblée : c'est le dernier acte de la réduction et il fait corps avec elle.

— L'application des autres formalités prescrites par la loi de 1867 ne peut être étendue par analogie de l'hypothèse de l'augmentation du capital à celle de la réduction.

Ainsi donc il est inutile de convoquer une nouvelle assemblée générale pour constater que toutes les conditions et formalités requises pour la réduction ont été observées.

Cette convocation ne se justifie pas par l'application de la loi de 1867. Peut-être pourrait-on dire que l'assemblée générale extraordinaire ayant donné mandat aux administrateurs de remplir toutes les formalités et de faire toutes les opérations nécessaires à la réduction du capital social, la réunion de la deuxième assemblée se justifierait par la nécessité de la ratification du mandat. Nous ne le croyons pas car aucun principe n'exige qu'un acte intervienne pour constater que le mandataire a fait les opérations dont il était chargé. Si le conseil d'administration a besoin d'une décharge elle est valablement donnée par l'assemblée ordinaire annuelle.

## § IV. — Effets de la réduction.

Nous avons à considérer quels sont les effets de la réduction du capital à l'égard :

1° Des associés ;

2° Des tiers.

### I. — Effets a l'égard des associés.

La réduction opérée dans les conditions qui viennent d'être déterminée doit être considérée comme régulière entre les associés : lorsqu'elle a eu lieu en vertu d'un vote de l'assemblée générale elle ne peut être critiquée ni par les dissidents ni par les absents. Encore faut-il pour cela que cette réduction ne porte pas atteinte aux droits de certains actionnaires en avantageant les autres.

C'est ce qui a été décidé à juste raison par un arrêt de la Cour de Lyon du 23 juillet 1895 (*J. S.* 1896, 342) dans l'espèce suivante :

La réduction du capital avait eu lieu à la veille de la liquidation de la société, qui avait été décidée par la même délibération. Elle a été annulée par la Cour pour les motifs suivants :

« Considérant qu'on ne saurait contester en principe à l'assemblée générale extraordinaire investie du droit de modifier les statuts le pouvoir de réduire le capital de la société pour mettre son estimation d'accord avec la réalité des choses et de prendre à cet égard les mesures nécessaires pour assurer l'existence et le fonctionnement régulier de la société ; que ce pouvoir peut être considéré comme une conséquence du mandat que les associés se sont conférés les uns aux autres dans l'intérêt social, mais qu'il ne saurait excéder les limites de ce mandat et permettre à l'assemblée générale de réduire le capital social à la veille de la liquidation de la société, dans le but unique de frustrer les propriétaires d'actions entièrement libérées de leurs droits sur une partie de l'actif social en dispensant les autres actionnaires de verser le complément de leur mise ; qu'une combinaison de ce genre porte atteinte aux bases essentielles de la société, en créant directement une inégalité entre les actionnaires et en établissant un privilège au profit d'une certaine catégorie d'entre eux au détriment des autres, etc... »

L'inégalité établie entre les actionnaires par l'opération condamnée par l'arrêt n'eut été possible que de leur consentement unanime.

Cet arrêt a été confirmé par un arrêt de la Chambre des requêtes du 29 décembre 1896 (*J. S.* 1897, 110).

— Spécialement en ce qui concerne les porteurs de parts de fondateurs, M. Wahl soutient qu'ils peuvent se faire indemniser du préjudice résultant pour eux de la diminution des bénéfices provenant de la réduction du capital si cette réduction ne se justifie pas par la situation de la société ; ils ne le peuvent pas dans le cas contraire (1).

### II. — Effets a l'égard des tiers.

#### 1° *Créanciers antérieurs à la publication de la réduction.*

La réduction du capital ne saurait nuire aux droits acquis par les créanciers de la société antérieurement à la publication de la réduction.

Ce principe est certain en doctrine et en jurisprudence : il se justifie par ce motif que le capital originaire est celui qui forme la garantie des engagements pris envers les créanciers. Toute diminution de capital ne leur est donc opposable que s'ils y ont formellement consenti.

Il a été soutenu que pour certains créanciers d'une société de crédit, les déposants à vue, le maintien du dépôt équivaudrait à une ratification tacite des faits accomplis si d'autre part ces déposants avaient été avisés individuellement de la réduction du capital et mis en demeure par cet avis de retirer leurs dépôts.

Nous croyons avec M. Lyon-Caen « que cet avis individuel serait insuffisant, car d'une part des diffi-

(1) *Étude sur les parts de fondateurs*, par M. Wahl (*J. S.* 1897, 232). Contrà Trib. Com. Seine, 21 novembre 1892 (*J. S*, 1893, 128),

cultés seraient possibles de la part des déposants qui n'ayant pas répondu à cet avis soutiendraient que leur silence ne vaut pas ratification parce que personne ne peut les obliger à renoncer à leurs droits contre la société et contre les actionnaires, et que d'autre part l'on ne peut mettre les déposants en demeure de recevoir la restitution des sommes déposées par eux tant que le terme assigné au dépôt dans leur intérêt n'est pas arrivé ».

De même l'adhésion de créanciers à terme autres que les déposants ne saurait résulter de simples présomptions.

L'un des attendus du jugement du Tribunal de commerce de la Seine du 24 juin 1895, rendu dans l'affaire de la Banque d'Escompte, sur lequel nous reviendrons plus loin, est ainsi conçu :

« Attendu que la renonciation aux sûretés promises aux créanciers ne saurait être acquise aux actionnaires par le silence des créanciers qui instruits ou non de la résolution prise, auraient différé l'exercice de leurs droits ; que la renonciation au bénéfice de la garantie du fonds social inscrite dans les statuts et rappelée dans les publications légales, ne peut résulter que d'un acte certain qui entraîne la preuve de la volonté formelle du créancier, suppose l'accord des mêmes volontés qui ont contribué à sa formation, etc. (1). »

(1) *J. S.* 1895, 476.

Si les créanciers à terme autres que les déposants refusent leur approbation on peut, croyons-nous, les rembourser si le terme n'est pas stipulé en leur faveur.

Mais par contre nous ne croyons pas que les créanciers à terme récalcitrants puissent exiger le paiement immédiat de leurs créances en se prévalant de ce que la réduction rend les créances exigibles en vertu de l'article 1188 du Code civil, selon lequel le débiteur perd le bénéfice du terme lorsque par son fait il diminue les sûretés qu'il avait données par le contrat à son créancier.

Car cette disposition n'est faite que pour les créanciers qui ont exigé une sûreté spéciale de leur débiteur (gage, hypothèque ou caution).

Si les créanciers antérieurs à la publication de la réduction ne donnent pas leur adhésion à la réduction et qu'ils jouissent du bénéfice du terme, ils peuvent à l'échéance exercer leurs droits sur le capital originaire et par suite réclamer des détenteurs des titres les versements complémentaires destinés à libérer effectivement leurs actions, ou la restitution des sommes qui leur auraient été remboursées (1).

(1) Lyon-Caen et Renault, loc. cit., 875. — Houpin (*J. S.* 1882, 713). Seine, id., 28 octobre 1885. (*Le Droit*, 14 nov. 1885), id. 3 nov, 1885. (*J. S.* 1888, 415). Cass. 3 janv. 1887. (*J. S.* 1889, 19). Paris, 11 janvier 1888, (*J. S.* 1889, 441). Id. 27 juillet 1888. (*R. S.* 1889, 6), et 6 février 1891. (*J. S.* 1894, 369, *R. S.* 1891, 219). Cass. 30 nov. 1889. (*R. S.* 1893, 78).

2° *Créanciers postérieurs à la publication de la réduction.*

En principe, la réduction du capital régulièrement publiée est opposable aux créanciers postérieurs à la publication car ils ne peuvent soutenir que c'est le capital originaire qui forme désormais la garantie des engagements pris envers eux.

Dès lors ils ne peuvent réclamer aux actionnaires porteurs de titres non libérés lors de la réduction, le versement de ce qui reste dû à cette époque sur leurs actions.

Cependant cette règle certaine doit recevoir une limitation.

Si en effet (toutes les formalités nécessaires pour la réduction ayant été régulièrement remplies d'ailleurs) il est prouvé que au moment de la réduction le capital réduit était en réalité entièrement absorbé par les créanciers antérieurs, en sorte que vis-à-vis des créanciers postérieurs il ne présentait qu'une garantie purement fictive, et s'il était prouvé que le but de la réduction était précisément de dégager les porteurs d'actions non libérées de leurs versements complémentaires, le préjudice des créanciers postérieurs à la publication de la réductiou apparaît clairement :

Ils ont été trompés par les actionnaires, car ils n'ont fait confiance à la société qu'en se fondant sur le gage qui leur était offert en apparence, et ils n'ont eu d'autre part aucun moyen de contrôle, puisqu'ils n'avaient pas qualité pour discuter les évaluation chimériques d'un bilan qui ne leur était pas soumis. La délibération réduisant le capital social est donc nulle à leur égard comme à l'égard des créanciers antérieurs à la publication : *fraus omnia corrumpit*.

C'est ce qui à été décidé par un jugement du Tribunal de commerce de la Seine du 24 juin 1895 (*J. S.* 1895. 465) confirmé par identité de motifs par l'arrêt de la Cour de Paris du 19 janvier 1897 (*J. S.* 1897, 264) (1) dans l'affaire de la Banque d'Escompte, société déclarée en faillite.

Pour autoriser les créanciers postérieurs à la réduction à se prévaloir de la nullité de cette réduction et à poursuivre les titulaires d'actions non libérées à l'époque de la réduction, en versement du complément, ces jugement et arrêt se sont appuyés non seulement sur le préjudice causé à ces créanciers par l'annonce d'un capital réduit fictif, mais encore sur la règle d'après laquelle l'égalité entre tous les créanciers est la loi absolue de la faillite.

M. Houpin (2) en conclut que la solution aurait

(1) Cet arrêt a fait l'objet d'un pourvoi en cassation qui a été admis par la Chambre des requêtes. Mais l'actionnaire poursuivant s'est désisté de son pourvoi.

(2) *J. S.* 1897, 267, note.

pu être différente si la société n'avait pas été déclarée en faillite, et si les règles de la faillite n'eussent pas été applicables. D'après lui, il est vrai que, sans doute, aux termes de l'article 2092 du Code civil, tous les biens meubles et immeubles du débiteur sont le gage commun des créanciers. Mais la nullité d'une réduction de capital à l'égard des créanciers n'est pas absolue : elle ne peut être invoquée que par ceux auxquels elle cause un préjudice, c'est-à-dire par les créanciers antérieurs à la réduction qui ont traité avec une société ayant un capital déterminé, et qui ont pour gage l'intégralité du capital. La réduction du capital régulièrement publiée est, au contraire, opposable aux créanciers postérieurs, et ceux-ci ne peuvent se faire payer que sur le capital réduit qui existait et leur a été annoncé lorsque leur créance a pris naissance. Les actionnaires régulièrement et définitivement libérés d'une partie du montant de leurs actions ne sauraient être recherchés par les créanciers postérieurs.

On ne saurait, ajoute M. Houpin, opposer à cette solution un arrêt de la Cour de Paris du 6 février 1891 (*J. S.* 1891, 369). Cet arrêt a rejeté la prétention des actionnaires de faire une distinction entre les créanciers antérieurs et les créanciers postérieurs à la réduction annulée et il a décidé que la réduction du capital n'est pas opposable au liquidateur chargé de réaliser l'actif et d'éteindre le passif, pas plus qu'elle n'avait pu être opposée au syndic de la société déclarée en faillite. Mais, fait remarquer M. Houpin, la Cour a basé cette solution sur ce que la nullité de la réduction du capital (votée alors que les affaires de la société étaient en plein désarroi) était absolue et pouvait dès lors être invoquée par tous les intéressés.

La même solution, dit enfin cet auteur, devrait être adoptée toutes les fois que la réduction de capital est annulée aussi bien à l'égard de la société qu'à l'égard des tiers.

Si l'on y fait attention, on voit que ces limitations au principe finissent presque par l'absorber.

Car d'une part, si la réduction est annulée à l'égard de la société aussi bien qu'à l'égard des tiers (par exemple pour défaut de *quorum* de l'assemblée qui l'ordonne ou pour tout autre motif) la nullité est absolue et peut être invoquée par tout intéressé, même par les créanciers postérieurs.

Et d'autre part, si la réduction a été régulière en la forme et n'est pas nulle d'une nullité absolue, les créanciers postérieurs n'ont pas intérêt à la faire annuler si la société est *in bonis*, car ils sont certains d'être désintéressés : le seul cas où les créanciers postérieurs ont un intérêt à la faire annuler est précisément celui où le capital réduit est insuffisant pour les couvrir de leurs créances, c'est-à-dire lorsque la société est au-dessous de ses affaires ; dès lors, le premier soin de ces créanciers sera de faire déclarer la faillite, ce qui leur permettra de bénéficier des mêmes avantages et des mêmes droits que les créanciers antérieurs à la réduction, notamment de ne pas se voir opposer cette réduction.

Le principe posé au début n'a donc plus qu'une seule application, c'est au cas où la réduction ayant été régulière en la forme, la société n'avait pas de créanciers à cette époque, mais où elle est tombée en faillite par la suite : car alors les créanciers qui sont tous postérieurs à la réduction ne pourront pas invoquer, comme au cas où il existait des créanciers antérieurs à la réduction, la loi des faillites, qui est l'égalité entre tous les créanciers pour bénéficier des avantages accordés à ceux antérieurs à la réduction.

— Les décisions précitées relatives à la nullité de la réduction du capital de la Banque d'Escompte ont spécifié plusieurs points qu'il nous paraît utile de rappeler ici :

Il a été décidé notamment :

1° Qu'en cas de faillite de la société l'action en nullité de la réduction était valablement intentée par le syndic de faillite au nom de tous les créanciers : que cette action était donc une action de masse ;

2° Que dans l'espèce, étant donnée la nécessité de rechercher dans quelles conditions s'était opérée la réduction du capital, c'était tout d'abord aux mandataires de la société qui en avaient eu l'initiative qu'il convenait d'en demander compte au moyen d'une action que le syndic devait exercer au nom de la société qu'il représentait : que cette action était donc une action sociale et non une action individuelle à chaque créancier ;

3° Et enfin que le syndic était encore recevable dans l'espèce à invoquer tant au nom de la société que de la masse créancière l'article 1382 du Code civil car la réduction reprochable aux actionnaires avait tous les caractères d'un quasi-délit : elle contenait les trois conditions essentielles à l'exercice de l'action tirée de l'application de cet article : le fait même de la réduction de capital, la faute commise par les actionnaires qui ont pris la résolution critiquée, le préjudice né de cette faute, souffert par la société et par ses créanciers, faute et préjudice en corrélation directe et certaine.

### § V. — Sanction des formalités de la réduction.

Lorsque le consentement des actionnaires pour la réduction du capital n'a pas été obtenu dans les conditions voulues et lorsque les formalités de publicité n'ont pas été remplies, la réduction du capital est nulle. Cette nullité est invoquable par tout intéressé. Les dispositions des articles 7, 41 et 56 de la loi de 1867 aux termes desquelles les associés ne peuvent opposer la nullité portée sous ces articles, est ici sans objet. Les associés n'ont ici en effet guère intérêt à invoquer cette nullité contre les créanciers car cette nullité n'a pour effet que d'augmenter leurs obligations vis-à-vis de ces derniers, créanciers antérieurs et postérieurs à la réduction.

Nous allons voir, en outre, que même lorsque le consentement des actionnaires a été obtenu dans la forme voulue et que les formalités de publicité ont été remplies, les créanciers de la société ont le droit de se prévaloir de la nullité de la réduction, savoir :

Les créanciers antérieurs à la réduction, en tout état de cause.

Les créanciers postérieurs à la réduction, à la charge de prouver que cette réduction leur causait un préjudice.

Et spécialement en ce qui concerne les créanciers postérieurs, sans même qu'ils aient besoin de faire cette preuve du préjudice, au cas de faillite et lorsqu'ils viennent en concours avec des créanciers de la société antérieurs à la réduction.

### Conséquences de la nullité de la réduction a l'égard des créanciers.

La principale conséquence de la nullité de la réduction du capital vis-à-vis des créanciers (ceux du moins qui ont le droit de s'en prévaloir) est que le capital ne cesse pas d'avoir été ce qu'il était avant l'opération.

Par suite, tous ceux qui étaient propriétaires d'actions non libérées lors de la réduction du capital restent obligés, par suite de l'annulation de cette réduction, à la libération des sommes restant dues sur leurs actions sans que les créanciers soient tenus de prouver que ceux auxquels ils s'adressent soient encore détenteurs des titres. L'effet de l'annulation est de faire revivre à l'égard de ces actionnaires l'obligation dont ils avaient été déchargés par la réduction. Ils ne peuvent soutenir que l'obligation de libération dont ils étaient tenus est passée aux acquéreurs des actions nouvelles reçues en échange lors de la réduction du capital, car ces actions ont été créées et vendues entièrement libérées. C'est en résumé la situation existante au moment de la réduction qui détermine les personnes responsables des appels de fonds. C'est la solution consacrée par la jurisprudence dans les décisions précitées.

Les actionnaires, ainsi poursuivis en versements complémentaires, ne peuvent opposer aux créanciers la prescription quinquennale de l'article 64 du Code de commerce. Cette prescription n'a d'application que pour les dettes nées des opérations sociales dont les actionnaires pourraient être tenus et non pas des obligations personnelles qu'ils ont contractées en entrant dans la société, à la fois vis-à-vis de la société, et vis-àvis des tiers, (or, parmi ces dernières, figure l'obligation de libérer les actions souscrites).

Ils ne pourraient pas davantage pour échapper à cette obligation, invoquer les articles 3 de la loi de 1867 et 2 de la loi de 1893. Car la prescription établie par ces articles n'est applicable qu'aux garants (souscripteurs et cessionnaires intermédiaires), et nous avons vu que l'effet de la nullité de la réduction était précisément de faire considérer, au regard des créanciers, les titulaires d'actions non libérées lors de la réduction comme *derniers porteurs*, et par conséquent comme débiteurs des sommes dues sur ces actions.

Ces derniers porteurs sont débiteurs définitifs : ils ne peuvent donc exercer aucun recours contre ceux à qui ils ont cédé les actions nouvelles entièrement libérées.

Toutes ces solutions données par la jurisprudence, quoique rigoureuses, nous semblent juridiques.

Faisons remarquer en terminant, que celui qui est tenu de la libération de l'action est celui qui en était porteur au moment où l'échange de cette action contre une action nouvelle, entièrement libérée, a été réalisé. En sorte que celui qui était porteur de l'ancienne action au moment où la réduction a été votée, a pu valablement la céder dans l'intervalle qui s'est écoulé entre ce vote et l'échange. Il l'a cédée avec tous ses droits et ses obligations, il n'est plus tenu personnellement de la libération.

Cependant nous croyons que si la décision de la réduction prise par l'assemblée générale a été publiée et que la cession de l'ancien titre a eu lieu depuis cette publication mais avant l'échange, le cessionnaire auquel on réclamerait ultérieurement le versement complémentaire pourrait soutenir valablement que la publication de la réduction a constitué son cédant de mauvaise foi et qu'il y a présomption que, étant à même de savoir que la réduction a été décidée, il a cherché par le moyen de cette cession à se dégager sur le cessionnaire du risque d'un appel de fonds. Mais la preuve de la mauvaise foi serait à la charge du cessionnaire et au surplus ce n'est qu'une question de fait.

Cette question, d'ailleurs, ne se pose qu'au cas où la réduction a lieu par voie d'échange d'une action nouvelle entièrement libérée contre plusieurs actions non entièrement libérées, et que si l'on n'admet pas l'opinion aux termes de laquelle la réduction s'opère *ipso facto* par le vote même qui l'ordonne. Dans cette opinion, en effet, toute cession de titres anciens faite après cette délibération serait sans effet légal comme portant sur des titres annulés.

### Prescription.

La nullité de la réduction peut-elle être couverte dans les termes de l'article 8 de la loi de 1867 modifié par la loi de 1893 ? Nous croyons l'affirmative. Nous avons déjà reconnu que les dispositions de cet article 8 modifié étaient applicables par analogie au cas de l'augmentation du capital ; les motifs sont les mêmes pour le cas de réduction : il ne faut pas qu'une opération qui affecte aussi profondément la société dans ses rapports avec les actionnaires et les tiers demeure sous le coup d'une annulation, même après que la société a pris fin et qu'il subsiste un intérêt quelconque à s'en prévaloir.

Le texte du paragraphe additionnel paraît bien limiter la prescription de dix ans dont s'agit, aux actions en nullité contre les « *actes constitutifs* des sociétés ». Mais, d'autre part, la première partie du texte qui dit que « *l'action en nullité de la société ou des actes et délibérations postérieurs à sa constitution*, etc... » s'entend parfaitement des délibérations relatives aux modifications faites à la société.

D'ailleurs l'intention du législateur a été que les sociétés affectées d'un vice originaire fussent viables cependant ; il serait dès lors étrange que les modifications des sociétés également entachées d'un vice ne bénéficient pas de la même indulgence du législateur : la modification pas plus que la société elle-même ne peut rester indéfiniment sous le coup d'une action en nullité qui, sans doute, n'amènerait pas la nullité de la société elle-même, mais qui jetterait dans les rapports sociaux une perturbation profonde, et donnerait naissance à des recours multiples (on en a vu des exemples dans les nombreux procès qui se sont greffés sur le procès en nullité de la réduction du capital de la Banque d'Escompte).

Si donc la nullité de la réduction est encourue pour défaut de *quorum* de l'assemblée générale qui a voté la réduction du capital, elle sera couverte par la convocation d'une nouvelle assemblée. Si elle est encourue parce que la réduction a eu lieu en fraude des droits de créanciers, elle sera couverte par une ratification expresse de ces derniers.

Si la nullité n'est pas couverte par ces divers moyens, l'action sera cependant prescrite à l'égard de tout intéressé, associé ou créancier, par la prescription décennale.

### Responsabilités.

La responsabilité de la nullité de la réduction, comme celle de l'augmentation du capital, est encourue par les administrateurs : elle est déterminée par la loi de 1893.

Il nous suffit de rappeler ici qu'elle est encourue :

1° A l'égard des associés, mais dans la mesure seulement du préjudice que cette nullité leur a causé et si la nullité ne provient pas de la faute des associés ;

2° Et à l'égard des créanciers, dans la mesure du préjudice causé.

### Droit étranger.

Deux législations étrangères sont particulièrement intéressantes à consulter en matière de réduction du capital social : ce sont les législations anglaise et allemande.

En Angleterre, la réduction ne peut être opérée, d'après la loi de 1867, que si elle est prévue par une clause des statuts ou autorisée par *special resolution*, c'est-à-dire par une délibération extraordinaire de l'assemblée des actionnaires. Cette décision de l'assemblée est sujette à une confirmation par justice qui présente quelque analogie avec notre homologation par le tribunal. La Cour saisie de la demande de confirmation doit, à défaut du consentement de tous les créanciers, examiner si les créanciers récalcitrants sont payés, ou si la société offrira encore des garanties suffisantes pour assurer le paiement de ces dettes.

Les créanciers peuvent s'opposer à la confirmation et leurs noms sont portés sur une liste remise à la Cour : des peines frappent les administrateurs qui remettent une liste incomplète. Une fois la confirmation obtenue, la réduction du capital produit ses effets à l'égard de toutes personnes, sauf des créanciers omis sur la liste.

La publicité de la réduction du capital consiste dans l'adjonction du mot *reduced* ajouté au nom de la société pendant un délai que la Cour détermine. Une loi de 1877 (40 et 41 Victoria ch. 26.) a décidé que lorsque le capital est réduit sans qu'il y ait remboursement ou libération des actionnaires, la Cour peut ne pas reconnaître aux créanciers le droit d'opposition et dispenser la société d'ajouter à son nom le mot *reduced*.

En Allemagne, le Code (art. 248) décide que la réduction du capital, assimilée en cela à la répartition du capital en cas de dissolution de la société, ne peut produire d'effet qu'après un an à compter de la date de la première publication de la délibération qui l'a admise ; les droits des tiers sont ainsi largement sauvegardés.

Nous ne traiterons pas de la réduction irrégulière

du capital social qui s'opère au moyen soit du rachat d'actions avec le capital quand cette opération n'est pas autorisée par les statuts, soit au moyen de la distribution de dividendes fictifs. Cette question pourtant très intéressante nous entraînerait en dehors des limites de notre sujet.

Vu :
*Le Président de la thèse,*
LYON-CAEN.

Vu et permis d'imprimer :
*Le Vice-Recteur de l'Académie de Paris,*
GRÉARD.

Vu : Pour le Doyen :
*L'Assesseur,*
GÉRARDIN.

# TABLE DES MATIÈRES

DEUXIÈME PARTIE

## DE LA RÉDUCTION DU CAPITAL

GRANDE IMPRIMERIE DE BLOIS
EMMANUEL RIVIÈRE, Ingénieur des Arts et Manufactures. x 5925

GRANDE IMPRIMERIE DE BLOIS.
Emmanuel Rivière, Ingénieur des Arts et Manufactures. X 5023.

www.ingramcontent.com/pod-product-compliance
Ingram Content Group UK Ltd.
Pitfield, Milton Keynes, MK11 3LW, UK
UKHW022026170726
13837UKWH00001B/425

9 782329 140988